주커버그를 꿈꾸며 **실리콘밸리로 가다**

주커버그를 꿈꾸며 실리콘밸리로 가다

  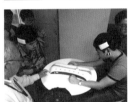

이서원

왜, 소프트웨어가 대세인가?

SW 중심 시대 도래

미래창조과학부는 최근 소프트웨어(Software, 이하 SW) 중심사회 구현을 위한 전략을 발표하였다. 미래 사회와 산업 환경에서는 소프트웨어가 차별화된 경쟁력의 중심 역할을 할 것이며, 국가적 생존과 번영 차원에서도 선택이 아닌 필수적인 것이 될 것이다. 정부차원에서도 이를 깊이 인식하고 이에 대한 전략과 실행을 미룰 수 없다고 판단하였다. 이러한 인식은 최근 몇 년 동안 급격하게 변화된 산업과 사회상의 변화와 함께 더불어 드러나는 일련의 다양한 유형의 사건들을 통해 자연스럽게 발생한 것이기도 하다.

〈SW가 세상을 움직이고 변화시킨다〉

"자동차는 이제 가솔린이 아니라 SW로 움직인다."고 메르세데스-벤츠(Mercedes-Benz) 회장은 말했다. 이 회사는 수만 명의 회사원 중 절반 정도가 SW인력이라고 하며, 몇백만 라인 이상의 복잡한 SW를 설계-구현-관리를 진행하고 있다고 한다. 또한, 미국 씨티은행(Citibank) 부사장은 "우리는 은행을 가장한 SW회사"라고 말하기도 했다. 이러한 대표적 사례 외에도 거의 모든 산업분야가 SW에 의해 움직이는 경향을 볼 수 있다. 그리고 향후에 대부분의 다양한 스마트 기기들과 센서들은 소형컴퓨터에 내장된 SW의 도움을 받아 제어 및 모니터링될 것이다.

스티브잡스(Steve Jobs)가 휴대폰에 고급 SW 기술과 앱스토어(Appstore) 서비스가 융합된 아이폰(iPhone)을 출시하게 되면서 인류의 역사는 아이폰 등장 이전과 이후의 세상으로 구분되게 되었다고 해도 과언이 아니다. 이른바 거의 모든 사람들의 라이프 스타일과 산업 생태계마저 바꾸어 놓은 스마트폰 세상이 본격적으로 시작된 것이다. 그 후, 전통 휴대폰 시장의 최강자 노키아가 추락하고, 단말기 회사와 이동통신사 간의 주종관계가 변화했으며, 앱이라는 새로운 형태의 제품과 다양한 부가서비스를 다루는 신시장이 창출되고, 스마트폰 앱 이용이 일상 생활화되면서 큰 변혁이 이루어졌다. 그런데 이는 SW가 세상을 변화시키고 있다는 대표적인 사례이기도 하다.

최근에는 샤오미 테크(Xiaomi Tech)가 자체의 고급 SW기술을 기반으로 저가의 고성능 스마트폰을 출시하여 중국시장에서 삼성을 2위로 단시간에 밀어내버린 충격적인 사건이 있었는데, 이 또한 SW기술을 핵심역량으로 한 시장경쟁력을 보여준 또 다른 사례라고 볼 수 있으며 그 밖에도 수많은 사례가 있다.

창의적 아이디어만으로도 창업 가능

SW분야는 창의적 아이디어만 있다면 최소한의 비용과 인력만으로도 쉽게 창업할 수 있다. 그렇기 때문에 실패하더라도 손실을 보는 비중이 작고, 쉽게 재도약이 가능하다. 그러나 성공을 하게 된다면 단기간에도 큰 부를 얻을 수 있는 기회가 많다. 예를 들어 올 초에 페이스북에 인수된 왓츠앱(WhatsApp)이라는 모바일 메신저앱 서비스 회사는 직원이 30여 명이 20조 원 가까운 가치를 인정받아 사람들을 깜짝 놀라게 한 적이 있다.

최근에는 오픈소스SW 및 편리하고 강력한 개발환경이 확립되면서 저렴하게 쉽게 접속하는, 활용 가능한 고성능 컴퓨팅 환경이 눈부시게 발전하고 있다. 창의적인 아이디어를 기반으로 비즈니스 기회를 포착해서 사용가능한 다양한 SW요소 기술들을 잘 선택한 후, 이들을 적절히 융합해서 기능과 품질을 개선하고 창업을 하는 사례가 많이 늘고 있다. 정부가 추구하는 창조경제의 대표적인 산업분야가 SW산업 분야라고 볼 수 있는 것은 이 때문이기도 하다.

SW기술과 산업과의 융합 중요성

SW 분야는 그 자체의 기술 발전이 빠르고, 산업 규모도 크면서 아울러 다른 기술 분야와 산업의 융합에 의한 공진화(co-evolution)를 돕는 촉매제 역할을 해서 이를 더욱 가속화하게 하는 영향을 끼치고 있다. 그리고 SW는 타산업과의 융합으로 생산성과 효율을 향상시키고, 제품의 부가가치를 질적으로 차원이 다른 제품으로 승화시켜주기 때문에 경쟁우위 확보를 위해서는 필수불가결의 수단이라 할 수 있겠다. SW는 이질적인 분야의 기술요소들을 용융하여 합체된 하나의 유기적으로 살아있는 제품이나 서비스의 두뇌 역할을 하는 융합의 핵심 요소라고 해도 과언이 아니다.

이러한 트렌드를 좇아서, 자동차, 조선, 전자제품 등의 제조업 경쟁력과 이들의 수출에만 주로 의존해왔던 우리 경제도 SW기술을 제품이나 서비스에 융합하여 부가가치를 혁신하는 방향으로 체질을 개선하고자 노력하고 있다.

현재 우리나라 SW원천기술 자체의 경쟁력은 선진국에 많이 뒤처져 있는 상황이다. 그러나 그렇다고 원천기술 개발에만 힘을 기울이기보다는 우리의 강점인 하드웨어 (Hardware, 이하 HW)나 서비스 기술에 SW기술을 융합하고자 하는 노력도 함께 기울여야 할 것이다. 그리하여 기존의 경쟁우위 산업의 고부가가치화나 효율화를 유지할 수 있도록 하는 것에 중점을 둘 필요도 있다고 본다.

그러므로 이러한 융합기술 강점을 기반으로 다양한 산업 도메인의 응용 분야와 융합하는 방향으로 기술과 비즈니스 기회를 확대하여 SW를 발굴하고 전개해나가는 것이 필요할 것이다.

이것은 결론적으로 SW기술과 산업과의 융합이 우리가 크게 의존해야 할 큰 방향 중의 하나라는 것을 의미한다고 본다. 그리고 SW는 이제 선택이 아니라 필수가 되었다. 우리가 잘하지 못한다거나 우리 환경에는 맞지 않는다는 생각 등으로 회피하여 외국의 기술에만 의존하면 우리 산업은 치열한 글로벌 경쟁에서 도태될 수밖에 없을 것이기 때문이다.

세상을 새롭게 디자인·구현하는 SW융합 산업인재 육성의 중요성

앞서 언급했듯이 창의적인 아이디어와 이에 뜻을 같이하는 팀만 잘 구성된다면, 눈부시게 발전되었으면서도 저렴하고, 사용이 용이한 다양한 기술적 환경을 도구로 하여 그 아이디어를 쉽게 구현해볼 수 있는 세상이 도래하였다. 예를들면, 가용한 부품형 SW 및 HW 기술들을 파악하고, 그 활용법을 잘 익혀서 3D프린터, 클라우드(Cloud), 빅데이터(Big data), 웨어러블 기기(Wearable Device), 초소형·고성능 컴퓨터 및 스마트 센서, 시스템SW, SW개발도구, 초고속 인터넷, IoT(사물인터넷), 지능형 인지 SW기술, 실감 UX(User Experience) 및 혼합현실 SW, 보안, 가상화폐, 전자결제, 스마트 기기, 고속 무선통신 기술 등을 십분활용하여, 단순하게는 일상의 불편을 개선하는 것에서부터 새로운 가치사슬의 생태계나 신시장을 파괴적으로 창조하는 플랫폼을 오케스트라처럼 멋진 하모니의 작품으로 만들어내는 역량이 필요한 것이다.

따라서 이제는 우리도 이러한 기술과 세상의 급격한 변화를 관찰하고 분석하는 단계를 지나, 도전하고 행동하는 SW융합 인재를 많이 필요로 하게되었다. 그들은 더 멋진 세상의 변화에 대한 스토리를 독창적이고 주도적으로 디자인하고 직접 구현하는 것을 즐기며, 그렇게 만든 것이 다른 사람들 역시 즐겁고 유익하게 함으로써 새로운 가치를 창출하고 싶어 하는 인재이다. 그리고, 자신의 비전을 구현하는 과정에서 필연적으로 부딪히는 수많은 반대와 위기를 견뎌내는 신념, 용기, 지혜, 자신감의 근거가 되는 실력 등이 겸비되어야 할 것이다.

창의적 SW융합 인재를 육성하는 것이 미래의 우리나라 경쟁력 확보를 위해, 쉽지는 않겠지만 피할 수 없는 중요한 일 중의 하나가 되었다. 인재가 자원인 우리로서는 창조경제 체제의 중추적 역할을 할 SW중심사회로 들어서기 위한 Action Plan의 첫 단추라고 할 수 있겠다.

창의적 SW융합 인재는 SW기술과 타 분야 기술, 산업, 문화, 예술, 휴먼감성, 환경과의 융합뿐만 아니라, 글로벌 시장의 관점에서 비즈니스 기회를 포착할 줄 알고, 뜻을 같이하는 재능있고 열정적인 인재들로 팀을 구성할 수있고, 투자를 유치하거나 파트너쉽을 맺는 등 비즈니스를 플래닝하고 전개하여 수익성과 성장성을 지속가능하게 실현하기를 모색하는 전략적 사고와 비즈니스 스킬과 마인드까지 겸비하도록 교육하는 것이 중요하다고 본다.

왜, 우리는 실리콘밸리로 가는가?

이러한 SW융합 인재 교육의 중요성의 인식하에, 고려대학교 정보대학의 SW기술과 산업 융합전공에서는 미래창조과학부와 산하의 정보통신산업진흥원에서 지원하는 SW 대학교육 특성화 사업을 현재 수행하고 있다.

본 전공은 글로벌 창업기업가 마인드셋(Mindset)을 갖춘 SW산업의 리더급 인재 양성을 교육 목표로 CEO(chief executive officer, 최고경영자)트랙과 CTO(chief technology officer, 최고기술경영자)트랙 두 가지 세부 커리큘럼을 마련하고 있다.

더 자세히는, 이러한 교육 목표를 위해 SW기반기술 교과목은 물론이고 해외 유수 대학의 계절학기 과목 수강(기술경영, 마케팅, 영어 등)과 국내외 SW기업체 현장실습을 지원하고 있으며, 지적재산권법뿐 아니라 본 책에서 다루는 실리콘밸리 단기연수를 교육 커리큘럼에 포함하고 있다.

왜, 창업기업가 마인드셋 교육인가?

SW융합 인재에게는 SW기술과 인문적 소양이나 타 산업 도메인에 대한 지식뿐 아니라, 이러한 것들을 잘 엮어서 궁극적으로는 사용자에게 가격보다 가치가 더 큰 제품이나 서비스를 제공할 수 있는 능력이 있어야 한다. 그리고 비용은 가격보다 작게 유지할 수 있는 비즈니스 성공부등식 "비용 〈 가격 〈 가치"를 추구하는 비즈니스 마인드가 필요하다.

비즈니스 마인드란 사용자가 추구하는 가치, 비즈니스 가치, 기술의 성숙도의 세 가지가 모두 충족되는 혁신이 일어나도록 모든 책임과 권한을 가지고 비즈니스 플래닝과 그 전개과정을 모두 주도적이고 전략적으로 추진할 수 있는 감각, 지식, 의지 등이 갖춰진 것을 말한다. 이것은 성공한 창업기업가의 주인의식과도 상통한다고 본다.

그리고 궁극적으로는 이러한 제품이나 서비스의 지속적인 제공을 통해 세상을 멋지고, 편리하고, 효율적으로 변하게 하고자 하는 Big Picture를 그려볼 수 있는 상상력을 갖추도록 하는 것이 우리 사회를 위해서도 바람직한 것이다.

모든 창업기업가가 이러한 교육을 받아서 성공하였다거나 이런 교육을 체계적으로 받지 않았다고 실패한 것은 아니므로 이것이 성공을 위한 충분조건이라고 장담할 수는 없다. 그러나 이는 분명 성공에 큰 도움을 주는 요소로 작용을 할 것으로 믿기 때문에 본 전공에서는 학생들에게 기본적으로 창업기업가 마인드셋 함양에 관련된 교육을 하고 있다.

창업기업가 마인드셋을 교육한다고 해서 본 전공의 모든 학생들이 창업을 하기를 강요하는 것은 아니다. 취업하여 조직의 일원으로 일하거나 퇴직후에도 언제든지 자신의 자리에서 좋은 비즈니스 기회를 포착하고, 반짝이는 아이디어로 조직을 위하거나 창업을 위한 비즈니스를 전개할 수 있는 기본 소양과 감각, 식견 등을 갖게 하고자 하는 것이다. SW인력은 다른 분야와 달리 항상 이러한 가능성이 더 많이 열려있기 때문이기도 하다.

이러한 마인드셋을 교육받거나 경험하게 된 학생은 취업을 하게 되더라도 조직에서 주인의식과 책임감을 가지고 적극적으로 문제를 해결하는 능력을 발현하여 리더로 성장할 가능성을 충분히 보여주게 될 것이다.

왜 글로벌이며 실리콘밸리에서 배우는가?

국내 SW시장의 규모는 상대적으로 매우 작고 여러 가지 특수한 제약이 있어 창업기업들을 대체적으로 매우 열악한 상황으로까지 몰리게 할 수 있는 문제점이 있다. 이런 연유로 SW관련 창업을 꺼리는 경향이 발생하게 되었다. 그런 사정 때문인지 세계의 산업이 SW주도적으로 바뀌고 있는 상황임에도 글로벌 시장에 진출해서 성공하기 힘들 것이라고 판단하는 것이 국내 분위기다. 그러나 가능성을 발견했다 하더라도 대체로는 한국인들은 영어 및 문화적 습관의 장벽 등으로 도전조차 하지 않는 경향도 많이 있다고 생각한다.

따라서 젊고, 의욕과 패기 넘치고, 우수한 두뇌를 가진 젊은 인재에게 힘들지만 좀 더 빨리 글로벌 비즈니스 감각과 다양한 소양교육을 하여 도전의욕과 자신감을 갖게 한다면 글로벌진출이나 국내에서의 사업성공 가능성도 높아질 것이라고 생각하여 글로벌 수준의 교육을 지향하고 있다.

이러한 판단 하에, 본 전공의 교육과정의 하나로 포함된 실리콘밸리 단기 연수는 학생들에게 벤처의 메카라고 할 수 있는 실리콘밸리 현지에서 직접 경험하게 하고, 관련 교육을 받게 하여 글로벌 창업기업가 마인드셋에 대한 의식의 필요성을 더 강하게 느끼고, 눈뜨게 하고자 하는 목표를 가지고 있다.

물론, 실리콘밸리를 모방하고자 하는 것은 아니다. 다만 수많은 성공스토리를 양산하고 있는 그곳의 인재들은 과연 어떻게 노력하며 어떻게 해서 성공하고 있는가를 느껴보자는 것이다. 그러한 체험 없이 우리만의 방식을 고집하는 것은 바람직하지 않다고 본다. 그곳에서 보고 느낀 것을 참고하여 우리들의 방식으로 새롭게 다듬어나가고자 하는 것이 주목적이라 할 수 있겠다.

왜, 연수 경험을 공유하고자 하는가?

짧은 기간이었지만 실리콘밸리 연수를 통해 받은 자극이 너무 강렬하였고, 삶의 목표 또는 태도가 달라졌다고 할 정도로 많은 것을 보고 느끼고 배웠다고 하는 학생들이 대부분이었다. 그곳에서 학생들이 느낀 바를 각자 여행기처럼 작성해서 제출하는 것만으로는 아쉬웠다. 좀 더 이것을 종합 정리하여 매년 다듬어 나가면서 지속적으로 더 많은 사람들과 여러 가지 유형의 목적으로 공유하는 것이 좋겠다고 생각되었다.

끝으로, 이책은 실리콘밸리에 대해 궁금한 점들을 FAQ(Frequently-Asked-Questions)과 답변을 포함하여 좀 더 깊이 있고 다양하게 구성하지 못한 점이 아쉽지만, 오랫동안 실리콘밸리를 체험한 분석가들 수준의 분석 리포트를 작성하고자 하는 것은 아님을 강조하고자 한다. 초보자인 학생의 관점에서 무엇을 견문하고 강하게 느끼고 왔고, 이후 우리에게 어떤 변화를 주었는가를 정리한 것임을 이해해주기 바란다. 보다 전문적인 관점에서 실리콘밸리를 분석한 책을 원하는 분들에게는 "정글의 법칙"(빅터W.황, 그렉호로윗 저. 권중헌, 차두원 옮김), " 파괴자들"(실리콘밸리의 특별한 비밀, 손재권 지음)을 일독하는 것을 권하고 싶다.

주커버그 (Mark Zuckerberg, Facebook 창업자) 등 실리콘밸리 영웅들을 능가하는 우리나라 대학 캠퍼스 출신의 소프트웨어 업계의 젊은 영웅들이 연이어 등장하기를 바란다.

2014년 12월
소프트웨어기술과 산업 융합전공 교수
인 호 (주임교수)
이희조 박재득 이성권

차 례

주커버그를 꿈꾸며 실리콘밸리로 가다

제 1 부

실리콘밸리 단기연수 활동 개요

매년 시행되는 실리콘밸리 단기 연수 프로그램의 목적은 비록 짧은 기간이지만 이를 통해 실리콘밸리의 생태계와 그 다양한 구성요소들이 지니는 특성 및 상호 관계의 역동성을 학생들에게 가능한 한 많이 보고 듣고 느끼게 하는 데 있다.

본 프로그램은 사전에 담당 교수와 함께 현재 사회적 이슈와 앞으로의 트렌드를 검토하여 현지의 방문 가능한 기관을 선정한 후, 그곳 담당자들과 상의하여 내용과 시간을 조정하고 스케줄을 준비한 후 진행된다.

또한, 참여하는 학생들은 실리콘 밸리 현지에서 1인당 10,000불 상당의 전문적인 창업교육을 받을 수 있고, 벤처캐피탈리스트(Venture capitalists, 이하 VC) 앞에서 컨테스트 형식의 창업제안 실습을 하는 기회도 얻게 된다.

나아가 현지의 다양한 전문가들과 대화를 통해서도 많은 것을 배울 수 있도록 하며, 가까이에 있는 샌프란시스코(San Francisco), 몬테레이(Monterey), 카멜(Carmel) 등의 관광지를 둘러보는 문화탐방의 기회도 제공하여 다양한 견문을 할 수 있도록 프로그램을 구성한다.

주요 세부활동과 내용은 다음과 같다.

- 연수 기간 : 10박 11일(매년 여름방학 또는 겨울방학)
- KOTRA 실리콘밸리 창업프로그램(UNIKAMP) 교육
- 실리콘밸리 기업방문
    * 대기업: Intel, Apple , Google 등
    * 중견기업: Ooyala, CD Networks, Dropbox 등
    * 중소기업: Flow State Media, NeuroSky 등
- 실리콘밸리 벤처 캐피털리스트와 엔젤 투자자 방문
    * Altos Ventures, Proof Ventures,
      STIC Investments, K-Nest
- 근교 대학방문 : 스탠퍼드 대학, 산호세 주립대학
- 자연과 문화 체험: 몬테레이, 카멜, 컴퓨터 역사박물관
- 기타활동:
    * 실리콘밸리 선배들과의 만남의 시간
    * 교민들과의 월드컵(2014년) 응원전 등

제 2 부

실리콘밸리에서 무엇을 보고 느꼈나?

　1기, 2기 학생들이 각각 팀을 나누어 실리콘밸리의 여러 기관을 교차(交叉)방문하게 된다.

　같은 곳을 다녀와서 학생별로 구분하여 각자가 느낀 바를 다양하게 전달하도록 구성하였다. 대학생의 관점에서 어떻게 다르게 보고, 받아들이며, 느끼는지 그리고 어떤 점들에 대해 모두가 공감하고 있는지를 쉽게 파악할 수 있을 것으로 기대한다.

세계 제1의 벤처 기업문화

김 보 형

실리콘밸리는 세계 제1의 벤처 기업문화 그 자체이다. 수많은 나라들이 실리콘밸리를 모방하였고, 심지어 실리콘밸리의 아버지라고 불리는 Frederick Terman 마저 제 2의 실리콘밸리를 New Jersey에 만들고 싶어 하였지만 실패하고 말았다. Harvard Business School professor인 Michael Porter 또한 비슷한 도전을 하였지만 역시 실패하였다.(Silicon Valley Can't Be Copied, MIT Technology Review, By Vivek Wadhwa on July 3, 2013) 그리고 그들이 고백하기를 "실리콘밸리는 Copy 될 수 없다. 왜냐하면 그것은 Culture 이기 때문이다." 라고 하였다. 다양한 나라에서 오는 사람들, 뛰어난 기술력을 가진 대학교, 전문적인 네트워크, 비즈니스 내부의 인센티브 등이 잘 녹아있는 그들의 Culture 이다. 우리는 실리콘밸리만의 독특한 문화를 직접 피부로 느껴보고자 직접 방문한 것이다. 일반적으로 많이 알려진 분석 자료들에도 잘 정리되어 있는지 모르겠지만, 기관 방문과 현지 전문가들의 교육과 조언 등을 통해서 우리가 보았고, 구체적으로는 무엇을 배우고, 느끼게 되었는지를 각각 자세히 정리해보고자 한다.

1장 기업방문

INTEL

충격의 순간들

강 경 필

인텔(Intel)은 1968년 로버트 노이스(Robert Noyce)와 고든 무어(Gordon Moore)가 공동 설립한 회사로 'Intel'이라는 사명은 Integrated Electronics를 줄인 말이다. 인텔은 그 뒤 1971년 최초의 마이크로프로세서인 인텔4004를 만들고 인텔8088이 IBM PC에 채택되면서 데스크탑 시장에서 x86 아키텍처(Architecture)의 강자로 자리를 차지하게 된다. 인텔은 그동안 인류사가 크게 진전할 수 있도록 기여하였다고 볼 수 있다. 1960~1970년대 우주 사업이 시작되어 초소형 반도체의 수요가 활발했던 시기였다. 인텔은 성능이 좋으면서 크기는 더 작아진 반도체 및 프로세서를 우주선에 공급하게 되면서 우주 개척사에 밑거름 역할을 하기도 하였다. 이는 '18개월마다 마이크로 칩에 저장할 수 있는 데이터의 양이 2배씩 증가한다.'는 무어의 법칙(Moore's Law)을

Robert Noyce

Gordon Moore

뒷받침해주는 사례다. 그만큼 인텔의 기술력에 힘입은 반도체 및 프로세서의 발전 속도가 빠르다는 것이다. 뿐만 아니라 최근에는 통신 칩셋(chipset)과 모바일 및 임베디드 프로세서(embedded processor) 등도 속속 개발하면서 모바일 및 스마트폰 보급과 발전에 지대한 공을 세우고 있다.

그렇다면 인텔이 발전할 수 있었던 동력에는 무엇이 있을까? 나는 그 성장 동력으로 기술혁신, 도전정신, 성과를 인정해주는 기업문화라고 생각한다.

첫 번째로는 기술혁신이다. 인텔은 실리콘밸리 초창기에 전문경영인이 아닌 두 기술자가 창업한 기술기업이다. 기술력을 인정받은 창업자들의 끊임없는 개발과 연구를 통해 새롭고 놀라운 성능의 제품들이 만들어질 수 있

공동창업자 Robert Noyce의 명언이 적힌 벽면

었다. 또한 1980년대의 개인컴퓨터(Personal Computer)와 2000년대의 모바일 스마트폰의 등장 및 트렌드를 정확히 예측하여 그 시장을 선점하고 이끌어 가는 기업이 될 수 있었다. 이는 부단한 기술혁신이 가능하다고 생각한다.

두 번째로는 도전정신이다. 아무리 기술력이 좋고 환경이 좋다고 한들 도 전을 하지 않는다면 성공도 없을 것이다. 실리콘밸리의 성격도 이와 마찬가 지이다. 도전하는 자만이 성공할 수 있는 환경이다. 공동 창업자였던 로버트 노이스는 이렇게 말하였다. "Don't be encumbered by history. Go off and do something wonderful." 역사에 얽매이지 않고 무언가 멋진 일을 해보라는 것 이다.

마지막으로는 성과를 인정하는 기업문화다. 원래 로버트 노이스와 고든

성과에 대한 적극적 보상을 중시: 성과를 낸 사람들에게 시상한 '상'들을 전시

무어는 다른 동료들과 페어차일드 반도체 회사(Farchild Semiconductor)를 세우고 함께 일했었다. 그러나 그곳에서 그들의 업적에 비해 적절한 보상을 받지 못하게 되자 불만을 품고 따로 나와 다시 인텔을 창립하게 되었다. 그만큼 그들은 성과에 대한 적극적인 보상을 중요하게 생각했던 것 같다. 실제로 내가 인텔 본사에서 인상 깊게 보았던 것은 벽 한쪽에 성과를 낸 사람들에게 준 상이나 메달 같은 것을 전시하여 귀감이 될 수 있도록 한 점이다. 이로 미루어 인텔이 사원의 능력을 얼마나 인정해주고 보상해주고 있는지를 듣지 않고도 추측할 수 있었다.

나는 그 외에도 연수기간 동안 많은 곳을 경험하면서 세상을 향한 시야를 확대하고 많은 생각들을 하게 되었다. 그리고 앞으로 나는 어떻게 도전하고 더 열심히 살 것인가에 대해서도 숙고해 볼 수 있었다. 실리콘밸리를 탐방했던 열흘은 이후 내 인생을 새롭게 열어가는 이정표가 될 것임을 믿어 의심치 않는다.

감개무량, 인텔 박물관 하드웨어 역사   김 명 곤

인텔 박물관을 탐방하고 나서 인텔의 사무실들을 둘러보았다. 우선 박물관에 꽤 인상 깊게 본 것은 웨이퍼(Wafer)라고 불리는 마이크로 칩을 제조할 때에 쓰는 얇은 판이다. 사실 연수에 참여한 학생들 대부분이 하드웨어에는 크게 관심을 가지고 있지는 않았다. 그러나 그 외에도 옛날에 우리가 썼던 486 CPU나 논리회로 시간에 열심히 만들었던 카운터 같은 걸 보면서 저절로 감개가 무량해졌다.

인텔은 사무실에 개인 자리가 없다. 개인 사물함만 지급하기 때문에 출근하고나서 아무 자리나 꿰차고 앉아 모니터에 자기 노트북을 연결하기만 하면 그곳이 그날 하루 자신의 사무실이 된다. 심지어 CEO도 그렇게 일하고 있다는 것이 매우 신기했고, 인상 깊었다. 사무실 벽에 걸려있던 그림 또한 예사롭지 않았는데, 모래에서 마이크로칩을 뽑아내는 그림이었다. '우리는 모래에서 시작할 뿐이며 거기에 더해지는 것은 오직 많은 이들의 노력일 뿐이다.' 그때 본 그림 속 문구가 아직도 머리를 떠나지 않는다.

APPLE

스티브잡스, 융합 창조의 아이콘

아이폰, 아이패드(iPad), 아이팟(iPod)……. 지금 세상은 애플이 내놓는 제품에 주목하고 있다. 단지 제품뿐만 아니라 최고 경영자인 스티브 잡스의 인생 이야기도 빼놓을 수 없을 정도로 유명하다. 전 세계 유수 대학 출신 중, 경영학과 엔지니어링을 전공한 약 200,000여 명의 학생을 대상으로 조사한 결과에 의하면 애플은 구글(Google), 마이크로소프트(Microsoft), 아이비엠(IBM)에 이어 취업하기에 가장 매력적인 기업으로 4위에 선정됐다. 애플의 어떤 점이 그토록 인재들을 매혹시키는 것일까? 단순히 스티브 잡스의 명성이나 그들이 내놓는 매력적인 제품들 때문에 이 회사에 들어오고 싶어 하는 걸까?

실제로 우리가 애플에 근무하고 계신 선배님을 뵈러 찾아갔을 때 느낀 회

애플 본사의 정문에서 바라본 전경

사의 분위기는 비밀 요새 같다는 인상을 지우기가 힘들었다. 회사의 보안규정상 단체는 내부로 들어갈 수 없었다. 그래서 건물 외부만을 눈으로 훑으며 그 안의 환경을 짐작했을 뿐이다. 다른 회사들과는 달리 애플의 건물들에는 크게 로고가 박혀있지 않아 실제 애플회사를 방문한 게 맞는지 가늠하기가 힘들었다. 건물 간의 거리도 띄엄띄엄 자리 잡혀 있어 어디서부터 어디까지가 애플의 영역인지도 전혀 알 수 없었다. 그 또한 보안 때문인지 아니면 그저 컨셉의 문제인지는 모르겠지만 멀리서부터도 "나 구글이에요!"라고 말하는 것 같았던 구글의 건물들과는 완전히 다른 느낌을 받았다. 어쨌거나 그날 우리는 애플의 은밀하고도 비밀스러운 요새의 그림자만 밟고 돌아와야 했다.

다행히 나를 포함한 우리 중 일부는 미국에 조금 더 오래 체류할 수 있게 되면서 애플을 재방문할 수 있는 기회를 맞아 그 내부를 들여다 볼 수 있게 되었다. 테크니컬 리더(Technical Leader)로 근무하고 있는 남건우 선배님과 함께 들어가 본 애플은 정말, 숨겨진 비밀 정원과도 같았다. 핵심 멤버가 모인다는 본사 Infinite Loop건물에 들어가 보았는데, 이름 그대로 무한 루프와도 같은 구조였다. 8개의 입구가 하나의 큰 원으로 이어져 있었으며, 밖에서 보았을 때에는 그저 둥그렇고 인간미 없어 보이는 건물이었지만, 안으로 들어가는 순간 큰 동산이 눈 앞에 펼쳐지는데 새로운 세계에 발을 디딘 듯한 기분이 들게 했다. 동산의 주변으로는 건물들이 둘러싸고 있었다. 유리로 되어 있어 깔끔한 디자인을 선호하는 애플과 딱 들어맞는 느낌이었다. 그리고 그 규모가 회사라기보다는 하나의 캠퍼스(대학교)를 연상하게 만들었다. 공원 같은 분위기의 동산 풀밭에는 사원들이 모여앉아 회의를 하거나 점심식사를 하고 있었다.

선배님은 점심식사를 같이 하면서 실리콘밸리에 입주한 기업들의 생태에 대해 생생하게 말씀해 주셨다. 이야기의 줄거리는 스타트업 기업과 대기업의 차이에 관한 것이었다. 여러 유명기업들의 특색에 대해 알 수 있게 된 좋은 기회였다. 사내 식당에서 맛있어 보이는 음식을 식판에 골라 담는데 갑자기 선배님이 누군가를 가리키며 말씀하셨다.

"저 사람이 조나단 아이브(Jonathan Ive) 야." 아이폰, 아이팟 등 애플의 대표 제품들을 디자인한 애플의 수석 디자이너 아이브. 2008년도에는 '미국에서 가장 영향력 있는 영국인 1위'로 꼽히기도 했던 이 시대가 인정하는 제품 디자이너가 후줄근한 후드 차림에 무신경하게 피자를 주문하고 있었다. 그게 바로 애플이라는 생각이 들었다. 대단한 사람들이 모여 있지만 그것이 그렇게 대단할 것이 없는 곳. 그것이 당연하게 느껴지는 곳.

스티브 잡스는 직원들이 이곳을 벗어나지 않기를 원했다고 한다. 물론 회사의 구조나 문화 때문에 애플의 회사원들이 추측한 것일 수도 있지만, "원하는 것은 이 안에서 다 구할 수 있게 할 테니, 나가지 말고 일해라." 스티브 잡스의 말 속에는 다분히 그런 의도가 깔려있는 것 같기도 했다. 애플의 동산에서는 매주 맥주 파티가 열리고, 유명한 가수들이 노래를 부른다. 덕분에 직원들은 일을 하다가도 출출하면 나와서 맥주 한 잔씩 마시고 다시 일하거나 노래를 감상하며 스트레스를 푼다고 한다. 또한 잡스의 말대로 그 안에는 직원들에게 필요한 모든 것이 구비돼 있었기 때문에 직원들이 일하다 밖에 나갈 이유가 없다고 한다. 어쩌면 못나가게 하기 위해 만든 환경들이 사람들을 격려하고 있는 것 같다는 인상이 남기도 했다.

애플 이외에도 다른, 실리콘 밸리에서 손꼽히는 직장에 매일 출근하시는 선배님들과 이야기하며 그들의 공통점을 찾을 수 있었다. 선배님들은 그 누구도 '이 회사에 다니고 싶다.'는 이유로 그곳에 있는 것이 아니었다. 즉, 애플에 다니고 싶어서 애플에 들어온 것이 아니라 자신이 하고 싶은 일을 따르다보니, 본인의 역량을 시험해보고자 해서, 같이 일하고 싶은 사람을 찾다가 어느새 애플에 와 있을 뿐이라는 것이다. 회사를 정해놓고 입사하길 바란다면 결국 그 목적은 달성하기 힘들다. 하지만 어떤 일련의 일을 이루고 싶고,

Apple의 핵심멤버들이
모여 있는 Infinite Loop 빌딩 푯말

그 과정 속에 애플이 필요하다고 생각한다면 애플은 훨씬 더 가까이에 있을 것이다.

　조나단 아이브는 이렇게 말했다. "애플에서 디자인 팀은 돈을 벌기 위해 존재하지 않는다. 하나의 완성된 작품을 만드는 게 첫 번째 목적이다." 일을 사랑하고 그 일을 위해 달려오는 사람이 모이는 곳. 그런 곳이 바로 이곳 애플일지도 모른다는 생각이 들었다.

　"창조적인 디자인 일을 하는데 사공이 많을 필요는 없다. 주어진 목적을 가장 아름답게, 가장 독특하게, 가장 경제적으로 표현하기 위해 전체 팀원이 아이디어를 내고 그 아이디어를 발전시키면서 애플의 디자인은 완성된다." 아무래도 계속해서 조나단 아이브의 말을 인용하게 되는데, 스티브 잡스의 유명한 말들보다도 더 애플의 성향을 잘 드러내주기 때문인 것 같다. 조나단 아이브의 말 대로 애플은 큰 회사지만 딱 필요한 만큼의 사공을 들인다.

애플의 모든 사원은 들어오는 관문에서부터 1:1 면접을 통해 회사의 일원이 될 수 있는지 꼼꼼히 확인받는다. 이는 단연 애플뿐만 아니라 성공한 대부분의 회사들이 그렇다. 하지만 그 안에서도 애플은 사원들의 주인의식에 주목하는 성향을 지니고 있는 듯했다. 가장 유명한 일화 중 스티브 잡스가 엘리베이터에서 직원을 만나면 "지금 하는 일이 뭐죠?"라고 묻는데 우물쭈물하며 대답을 잘하지 못하거나 신통치 않은 대답이 나오면 엘리베이터에서 내리며 곧바로 해고 통보를 했다고 한다. 그만큼 모든 사원이 자신이 하는 일을 정확히 인지하고 회사에 주인의식을 가지고 일하는 것을 중요하게 생각한 것이다.

사원들의 주인의식은 곧 창의성으로 이어지기도 한다. 선배님의 말씀에 따르면 모두가 직급이 있지만 일을 하는 데에 있어서는 그것이 그렇게 중요해지지 않는다고 했다. 아무래도 사람이기 때문에 직급을 전혀 의식하지 않는다고는 할 수 없지만 일에 관련해서는 누구나 자유롭게 자기주장을 하거나 아이디어를 낼 수 있도록 사내 문화가 잘 자리 잡혀 있다고 한다. 그러나 그런 문화가 형성될 수 있는 것이 단순히 사원의 의견을 존중하기 때문이라기보다는 사원들 한 명 한 명이 주인의식을 가지고 일하기 때문에 가능한 것이라고 볼 수 있다. 일을 어떻게 하면 쉽게 마무리할까 고민하기보다 어떻게 하면 더 좋을까를 고민하는 직원들은 애플의 소중한 자산이다.

여느 직장이 그렇듯 그들이 겉으로 보여지는 것과 실제 추구하는 것과는 괴리가 있다. "원하는 것은 이 안에서 다 구해줄 테니, 나가지 말고 일해라." 라는 말이 어떤 사원에게는 "어디 나갈 생각 말고 일해."로 들릴 수도 있듯이 모든 내용이 반드시 사실이고 애플의 모든 사원에게 적용된다고는 주장하지는 못한다. 하지만 적어도 글로 읽고 겉으로 보고 온 애플이 아니라 직접 눈으로 보고 그곳에서 일하는 분들의 이야기를 들으며 경험한 애플은 나에게 긍정적으로 다가왔다.

누군가는 일하고 싶어서라기보다 자신을 돋보이게 하려고 애플을 선택했을 수도 있고, 스티브 잡스가 엘리베이터에서 했던 질문과 행동을 부정적으로 볼 수도 있다. 그러나 나는 애플이 성공한 회사라고 생각하며, 반드시 그 원인은 최고경영자 스티브 잡스의 영향력에서 기인하기보다는 회사 구석구석에 포진해 있는 다른 여러 이유 덕분이라고 믿는다. 때문에 이 글이 단순히 감상문으로 끝나는 데 그치지 않고, 독자로 하여금 그 이유를 알기 위해 고민하고 생각해 볼 수 있는 계기가 되었으면 한다.

Google

아이디어를 위한 '20% 타임제'

박경락, 임주연

Google은 '신의 직장' 중 하나로 파격적인 제도와 복지 혜택으로 전 세계의 우수한 인재들을 흡수하고 있다고 해도 과언이 아니다. 그렇다면 실제로 Google이 직원들에게 시행하고 있는 제도가 무엇이고, 복지 혜택은 어떤 것이며, 실리콘 밸리에 있는 본사는 또 다른 지사들과 무엇이 다른지 등의 여러 가지 의문을 가지고 Google 내부를 더욱 꼼꼼하게 살펴보도록 하겠다.

Google에서 일하는 직원들은 Googler로 불린다. Google은 이들을 단순히 일을 하는 직원으로 생각하기보다 Google의 일부로 여기고 있으며 Googler의 생활 뿐 아니라 다양한 복지 혜택을 제공하면서 회사가 직원들 자체를 아낀다는 점을 충분히 느낄 수 있게 하고 있다. 내부로 들어가면 각 건물마다 100m 단위로 간식 부스가 위치되어 있으며 다양한 음료수부터 시작해서 신선한 커피를 내려 먹을 수 있는 커피 드립기, 과자, 싱싱한 야채까지 갖춰져 있고, 물론 사과(애플)도 배치되어 있다. 뿐만 아니라 간식 하나하나도 모두 Googler의 건강을 고려한 것들로 구비돼 있다.

Google은 Googler의 상상력과 창의성을 매우 중요시한다. Google은 그런 자유로운 사고가 개인 생활의 보장에서부터 시작한다고 생각하고, Google 내에서의 개인 생활도 매우 중요한 요소로 보고 있다. 회사 내에서의 개인 시간이라 하면 많은 이들이 복잡해 한다. 그래서 회사란 개인 시간을 존중하기보다 야근을 해서라도 업적을 최대한 남기려 하는 곳이라는 이미지가 각인된 우리의 현실과는 동떨어진 Google의 기업 환경을 마주했을 때는 많이 놀라지 않을 수 없었다. Googler들이 일하는 공간에는 그들이 자유롭게

Google 내부의 홍보 벽면

운동할 수 있도록 사이클이나 러닝머신 등의 운동 기구들이 비치되어 있었다. 그 덕분에 실제로 운동 기구 위에서 걸어 다니면서 코딩을 하는 사람이 많다고 한다. 뿐만 아니라 팀원 간에 편하게 의사소통할 수 있도록 칸막이 높이를 최대한 낮추었으며 자유로운 분위기를 중요시해서 그런지 건물 내 곳곳에 인형이 널려 있었다. 보드마커 하나만 있으면 어느 공간에서든 판서를 하며 자유롭게 회의할 수 있게 구조화되어 있다. 임원들이 지낸다는 건물에는 각 층간에 미끄럼틀이 설치되어 있는데 이는 단순히 전시용이 아니라, 빠르고 재미있게 이동하기 위해 만들어진 의도대로 많은 직원들이 실제 이용하고 있는 모습을 볼 수 있었다.

또한, 각 건물마다 다른 색을 지닌 식당들이 즐비했는데 식당 별로 한식, 양식, 일식이나 카레 등 항상 다양한 인종의 직원들이 모국의 음식을 먹을 수 있게 해놓은 것을 보고 역시 글로벌 Google이라는 것을 다시금 깨달을 수 있었다. Google 본사에 한국인이 10명이 채 되지 않았지만 10명의 한국인이 업무 외에 스트레스 받지 않고 소외감을 느끼지 않게 하기 위해 식당에서 김치를 제공하기 시작했다는 이야기는 그와 관련된 유명한 일화가 되기도 했다. 그런데 그 음식에 대한 배려가 얼마나 세심하던지 제공되는 각 요리마다 들어간 재료가 자세히 적혀 있었고, 각 재료마다 글씨의 색을 달리하여 어떤 것은 건강에 좋고 어떤 것은 건강에 좋지 않으니 자제하라는 문구도 포함되어 있었다.

Google 내의 건물 사이에는 공원과 같이 매우 잘 꾸며져 있으며, 업무 시간에도 Googler들이 자유롭게 사용할 수 있게 미니 골프장, 야구 연습장이 비치되어 있었다. 사무실뿐 아니라 야외에서도 자유롭게 할 수 있게, 책상, 소파들이 매우 자유롭게 비치되어 있다. 이와 같이 Googler의 생활 하나하나까지 세심하게 챙겨주면서 자신이 잘하는 분야에만 집중할 수 있도록 배려하는 Google의 태도를 보면서 놀라움을 금치 않을 수가 없었다. 그 안에서 자라나는 신뢰관계가 Google의 거대한 원동력 중의 하나인 것 같다.

혹시 눈치 챘는가? 필자는 Google에 대해서 언급을 할 때 회사라는 명칭을 최대한 사용하지 않았다. 그만큼 Google은 일반적으로 생각하는 회사 혹은 기업이라는 명칭 보다는 Google자체로 불리는 것이 걸맞다고 판단된다. Google은 우리가 생각하는 일반적인 회사의 틀을 완전히 깨부쉈다. 위에 언급한 복지정책 이외에 제도적인 측면에서도 모두 개발자들을 향해 맞춰져있는 것을 볼 수 있다.

Google은 이를 증명하는 제도 중 하나로 "20% 타임제"를 진행 중이다. 이는 업무 시간의 20%를 반드시 회사 업무가 아닌 자기 개발 시간으로 쓸 수 있도록 장려하는 프로그램이다. Google은 Googler들의 자기 개발이 Google의 발전에도 연관이 되어 있다고 믿는다. 자기 개발이 성공적으로 이루어져 개인의 프로젝트가 진행될 경우 이를 회사에 승인 받아 회사의 프로젝트로 확장시킬 수 있도록 환경이 구축되어 있다. 실제로 Google Korea

Google의 여유롭고 풍요로운
간식거리가 가득찬 근무 환경

에서도 '20% 타임제'를 통해 나온 아이디어가 성공적으로 진행되어 20%의
자기개발 시간이 80%의 업무시간으로 역전되었던 사례가 있다. 이러한 획
기적인 기업문화에도 불구하고 Googler들 사이에서 실제로 본 제도가 널리
쓰이고 있지는 않다고 한다.

하지만 중요한 점은 Google이 직원들의 상상력을 믿고 그것에 항상 투자
하고 있으며, 그러한 기업의 분위기 안에서 Googler들은 자기 개발을 지속
적으로 하는 것과 동시에 Google의 가치를 높이는데 노력하고 있다는 사실
이다. 이런 기업정신이 Googler로 하여금 자연스럽게 '자기 일이 곧 Google

의 일이다.'라는 사고하게 하고, 더욱 자신의 열정을 쏟게 하는 것이 아닐까? 라는 생각이 들기도 한다.

국내에 있는 Google Korea의 경우 탁월한 임금 수준과 복지제도로 유명하여 5년 연속 입사하고 싶은 외국계 기업 순위 1위로 꼽혀오고 있다. Google Korea는 Google의 기본 원칙을 따르겠다는 방침을 고수하고 있기 때문에 Google 그 특유의 유연하고 개방적인 기업 문화가 국내에서도 그대로 유지되고 있다. 이런 기업의 분위기는 한국의 기업들과 비교해 더욱 부각될 수밖에 없었고, 이어 입사하고 싶은 기업 1순위로 뽑혀 그 특별함을 증거로 남기게 되었다.

실제로 미국으로 연수를 가서 보게 된 Google 본사의 첫 인상은 한가로움 그 자체였다. 실리콘밸리에 있는 Google Plex에는 2~3층짜리 나지막한 건물이 십여 개 모여 있었다. 그 건물들 사이마다 울창한 나무들이 둘러싸고

정원과 숲이 있는 한가로운 Google의 휴식공간

있는 정원이 펼쳐져 있었고, 한 쪽에는 채소가 자라는 텃밭도 있었다. 그곳에서 Googler들은 산책을 하거나 자전거를 탔고, 야외 벤치나 풀밭에 삼삼오오 모여앉아 놀러 나온 아이들처럼 이야기를 나누었다. 그런데 그 이야기라는 것이 자세히 들어보면 모두들 업무에 관한 회의다. 자유롭게 일을 즐기고 있는 모습 그 자체였다. 그 속에 들어가서 직접 체험해 보지 않더라도 Google이 개방적인 문화를 만들기 위해 얼마나 노력하고 있는지 한 눈에 알 수 있었다.

  건물마다 들어선 식당에서는 직원들에게 무료 식사를 제공했고, 곳곳에 커피나 음료, 간식을 즐길 수 있는 라운지가 조성돼 있었다. (매년 Google은 여기에만 7천만 달러 정도를 쓴다.) 트레이너가 대기하는 체육관과 마사지실이 붙어 있는 건물들 사이로 이동할 자전거를 지급받게 되며 그 외에도 그 안에서 이발사, 세탁업자, 보모, 애완동물 도우미, 치과의사들을 두루 만날 수 있을 뿐만 아니라 그들을 상대로 한 무료 검진 담당의도 5명이나 있다고 들었다. 세차나 오일 교환 때문에 캠퍼스를 나갈 필요도 없다. 목요일이면 검진 차량이 찾아오기 때문이다. 또한, 편안한 좌석에 무선인터넷이 완비된 바이오 디젤 통근 버스가 직원들을 멀게는 샌프란시스코까지 늦은 밤까지 실어 나른다. 노트북 컴퓨터도 살 필요가 없다. 그저 마음에 드는 모델을 고르기만 하면 된다. 여성은 출산 휴가를 5개월간 유급으로 낼 수 있고, 신생아의 아빠는 마찬가지로 유급으로 7주 휴가를 낼 수 있다.

Google은 회사의 이익뿐 아니라 지구의 환경 문제에도 관심을 보인다. Google plex에 도착해서 처음 보게 된 광경이 Google내의 새들이 스트레스를 받는다고 차가 다니는 도로를 출입 통제시켜 놓은 모습이었다. 그러나 그것은 일례에 불과하다. Google은 사옥 지붕에 미국 기업 캠퍼스 가운데 가장 큰 태양광 패널을 설치하여 1천 가구에 전력을 공급할 만한 전기를 자체 생산해 내고 있었으며 외부 주차장에도 태양발전소를 두어 하이브리드 자동차를 충전할 수 있게 했다. 연비가 좋은 하이브리드 자동차를 구매하는 직원에게는 장려금 (처음에는 5천 달러, 현재는 3천 달러)을 준다. 직원들에게 자전거를 제공하는 이유도 같은 이유로, 온실가스 배출을 최소화하고 직원들의 건강에도 이바지하겠다는 뜻이 그 안에 있다. 그런 관심이 Google plex 내의 생태계에도 영향을 끼치는지 그곳에서 여러 종류의 새들과 다람쥐 등 다양한 야생동물들을 쉽게 발견해낼 수 있었다.

Google에서 일하고 계신 선배님들의 가이드를 받아 회사 내부를 돌아보기 시작했다. 입구에 들어서자 가장 먼저 눈에 띈 것은 바로 구글 맵(Google Map)이었다. 모니터로 둘러쌓인 공간에서 간단한 컨트롤러를 사용하여 지구의 여러 곳을 둘러볼 수 있는 서비스였다. 처음 보았던 화면은 우주에서 본 지구였다. 그런데 이것은 단순히 지구의 여러 곳을 간단한 그림으로 표현하는 것이 아니었다. 컨트롤러를 움직여서 그림을 확대하다보니 새로운 세상이 펼쳐졌다. 실제 건물들이 3D로 자세하게 구현되고 있었다. 어떻게 이런 서비스가 가능할까? 선배님이 그 궁금증을 해결해주었다. 그것은 항

생태계를 배려하는 Google-
쉽게 발견가능한 새와
다양한 야생동물을 볼 수 있다.

공사진을 그들만의 알고리즘을 사용해 3D로 구현하는 것이었다. 그래서 같은 위치를 오랫동안 보고 있으면 점점 더 정확한 그래픽을 볼 수도 있었다. 이렇게 Google 내부의 시설들을 둘러보며 그들의 자유분방함만큼이나 뛰어난 기술력을 체험할 수 있었다.

그 다음은 점심시간을 맞아 Google의 식당에서 선배들과 얘기를 나누는 시간을 갖게 되었다. 선배들은 엔지니어의 마인드에 대해서 조언했다. 스스로가 핵심적인 인물이 될 것을 강조했고, 그러기 위해서 끊임없이 공부하고 노력해야 한다는 얘기도 덧붙였다. 그로써 스스로 뭔가를 해내려고 하는 것이 얼마나 중요한지를 다시 한번 느낄 수 있었다. "Do cool things that matter"라고 말의 포문을 열었던 93학번 전지운 선배에게서 들은 Google의 스케일은 참으로 어마어마한 것이었다. Google에서 만든 Self-

Driving Car가 달린 주행거리는 5000 마일, 전 세계에 있는 안드로이드 장치는 10억 개, 그리고 Gmail의 사용자는 무려 4억2500만 명. 우리가 생활하는 어느 곳이나 스치는 곳마다 Google이 있다는 뜻의 다른 말이었다.

Google은 인터뷰가 굉장히 복잡하고 어렵기로 유명하다. 실제로 응시자는 인터넷으로 인터뷰를 신청한 뒤 시간대를 정하여 온라인으로 Google이 제공하는 화면을 공유하면서 코딩을 하게 되는데 그것이 1차 면접이다. 1차를 통과한 후에는 Google이 직접 응시자를 본사로 찾아올 수 있게 비용을 지급하고 2차 심층 면접을 보게 한다. 모든 면접은 실제로 Google에서 일하고 있는 엔지니어가 투입돼 지원자와 함께 1:1로 화면을 보면서 코딩하는 방식으로 진행된다. 이때 엔지니어는 그동안 일하면서 어려웠던 부분을 지원자에게 문제로 주고 어떻게 해결하는지 그 과정을 살펴본다. 이러한 1:1 면접을 개인당 8차로 진행해서 총 8명의 엔지니어를 상대로 시험을 치르게 하는데, 면접이 끝나면 8명의 면접관 엔지니어들이 모두 한 곳에 모여서 지원자가 Google에 들어올 수 있다고 의견이 만장일치 되어야지만 최종적으로 입사할 수 있다고 한다.

하지만 이러한 어려운 면접 과정에 비해 Google 선배님이 알려주신 인터뷰에 대한 팁은 굉장히 간단했다. 면접관들은 바로 그 분야에 대해 태생적으로 즐기는 사람을 찾는다는 것이다. 미리 뭔가를 준비를 해서 인터뷰에 임한 사람과 그 분야를 즐겨서 몸에 베인 사람은 확실히 구분이 가능하다고 한다. 실제로 Google에서 일하게 되면 자기가 하는 일을 즐기고 원해서 일을 하는 사람들 사이에서 단순히 돈을 벌기 위해 들어온 사람은 적응을 못하게 된다는 의견이었다.

놀라운 사실은 Google은 Googler가 맡은 일에 대한 결과만 창출해낸다면 언제 어디에서 일을 하던지 간섭하지 않는다는 것이다. 따라서 팀장이 회의를 하자고 모일 것을 지시해도 자신이 작업 중인 프로젝트가 있으면 단호하게 못 간다고 할 수 있다고 했다. 그럴 경우엔 오히려 팀장이 팀원을 찾아가기도 한다. 게다가 출근 시간 전에 미리 팀장에게 전화만 하면 그날은 집에서도 작업을 할 수 있도록 조치할 수 있다. 직원들이 자유롭게 자신의 성향대로 원하는 시간에 원하는 장소에서 일을 할 수 있도록 제도적 장치가 마련돼 있는 것이다. 이렇듯 일하는 환경이 창의적인 발상에 걸림돌이 되지 않게 하려는 Google의 정책들 덕분에 Googler들이 더 좋은 퍼포먼스를 만들어내고 있는 건 아닐까?

이번 연수를 통해 참으로 느낀 점이 많다. 하지만 공통적으로 느낀 점은 실리콘 밸리에 있는 엔지니어들은 자기의 직업을 정말 좋아하고 있었으며, 언제나 자신감이 넘쳐 있었다는 것이다. 그들은 살아가는 데에 있어서 불편한 점이 있으면 마음이 통하는 사람들끼리 모여서 뚝딱뚝딱 솔루션을 만들어버린다. 실리콘 밸리 엔지니어들에게서 가장 많이 들은 말 중 하나가 바로 'Just Do It'이다. 그들은 '내가 불편하면 좀 참고 기다리자. 이를 공감하는 다른 누군가가 이것을 해결해 줄 거야.'라며 기다리기보다 '내가 불편하면 다른 사람도 힘들 거야. 내가 이것을 고쳐보자.'라고 생각하는 주체적인 마인드가 강하게 자리 잡혀있었다. 이는 개인적으로 많은 충격을 주었으며 '내가 진정 원하는 것이 무엇일까? 나는 무엇을 위해서 공부를 하고 괴로워하고 있는 것일까?'에 대한 질문을 다시 생각하게 해주는 계기가 되었다.

실리콘 밸리에서의 소프트웨어 엔지니어에 대한 대우는 상상을 초월한다. 실제 지적 재산권 변호사의 강연에서 들은 바로는 실리콘 밸리에서의 소프트웨어 엔지니어는 변호사보다 높은 연봉과 대우를 받고 있으며 심지어 의사보다도 높은 연봉으로 선망의 대상이 되고 있다고 한다. 그만큼 자기 자신이 소프트웨어 엔지니어에 대한 자부심이 있고, 그것에 대한 자신의 열의만 있으면 인정을 받을 기회가 열려 있는 곳이 실리콘밸리라는 이야기였다. 그리고 그런 기회뿐만 아니라 그에 걸맞는 복지 혜택을 누리게 하고 대우를 해주는 곳이 실리콘 밸리의 Google 본사였다.

직원들에게 감동을 주는 곳, 직원들의 상상력을 믿는 곳, 직원들과의 신뢰관계가 분명한 곳, 때문에 많은 인재들이 자연스럽게 모여서 더욱 최고가 되는 곳. 그곳이 바로 Google이고, 그러한 기업문화가 바로 우리가 지향해야 할 기업 문화인 것을 몸소 느낄 수 있었다.

Google 로고가 보이는 본사 외부 모습

모두가 우러러 보는 기업 문화, 일하고 싶은 직장, 최고의 환경을 지닌 이곳은 많은 사람들이 가고 싶어 하는 직장이 되었고, 또 Google은 그 안에서도 신중한 절차를 거쳐서 최고의 인력만을 모으기 때문에 그들이 하는 모든 일이 잘 풀리는 것이라고 Googler는 말했다.

실제로 그들은 Google 안에서 프로젝트를 새로이 시작하거나 시작하기 위해 논의를 하는 단계일 때에도 조언을 멀리서 구하지 않고, 바로 같은 사무실에 있는 사람들에게 묻는 것만으로도 충분히 훌륭한 피드백을 받을 수 있다고 했다. 뿐만 아니라 모두가 검증된 인재들이기 때문에 기본적으로 서로에게 믿음이 있으며 일을 진행하는 데에 있어서도 의사소통이 빠르고 일 처리가 정확하다는 장점이 있다고 한다. 인재들이 모이도록 하는 곳. 인재들과 함께 일을 할 수 있는 곳이 Google이다.

OOYALA

온라인 비디오 서비스 기술 회사

온라인 비디오 기술을 개발하고 있는 OOYALA를 방문하였다. 이 회사는 몇 년 전에 벤처로 시작하여 현재 약 400명의 직원이 근무하고 있는 안정적인 기업으로 성장하였다. OOYALA는 구글의 유튜브 서비스 쪽에서 일을 하던 사람들이 나와서 차린, B2B 동영상 Analytic 서비스를 하는 스타트업(Start-Up)기업이다. 이곳은 온라인 동영상을 TV와 스마트폰, 스마트패드와 PC등 다양한 기기에 전송하는 기반 기술과 플랫폼을 주로 다루고 있으며, 비디오의 메타정보를 가지고서 B2B 사업을 진행하고 있다. 그리하여 Bloomberg TV나 ESPN과 같은 거대 채널들을 고객으로 확보하고 있었다.

공감가는 유용한 조언 김 명 곤

특히 OOYALA에서는 직원들이 실제로 일하는 모습들을 직접 볼 수 있었는데, 소프트웨어를 전공하는 학생으로서는 그 자체로 매우 인상적인 체험이었다. 그리고 Finance쪽의 일을 하고 계시는 한국인 Aerin Lim께서 그곳 안내를 해주셨다. 더불어 '자신이 좋아하는 일을 하기', '좋은 커뮤니케이션 유지하기', '엔지니어적인 시각과 경영학적인 시각을 함께 기르기' 등 다른 무엇보다 유용할만한 조언들도 아낌없이 들려주셨다. 평소에도 중요하다 여겼던 것들이었기 때문에 깊이 공감되었다.

스타트업의 진정한 의미 장 혁

개발자가 100명이 넘고, 500억 단위의 매출을 올리는 회사로서 이미 중견 기업의 규모를 확보했음에도 불구하고 여전히 강력하게 '스타트업'이라고 주장하는 그들의 모습이 인상적이었다. 왜 그런지 이유를 묻자, 우리가 알고 있는 '스타트업'은 단순히 신생 회사로서의 의미 뿐 아니라 'Operation'에 익숙해진 회사가 아닌, 'Innovation'과 'Idea'로 새로운 시장을 개척해 나간다는 의미가 있다고 답변했다.

실리콘 밸리의 '스타트업'은 소위 '꿈'을 먹고 사는 기업이었다. 기업의 비전을 공유하고 구성원 모두가 같은 곳을 바라보며 나가는 '꿈'으로 돌아가는 회사였던 것이다. 그러한 의미에서 '스타트업'은 참 무게감이 느껴지는, 쉽지 않은 표현임에 분명하다. 그러나 그동안 우리는 그에 걸맞지 않게 너무나 쉽게 '스타트업'을 내뱉어 왔고 주장해왔던 것 같아 부끄러운 마음이 들기도 하였다.

서서 일하는 특권 김 양 선

흥미로웠던 것은 이 회사에서는 직급이 높을수록 서서 근무하는 것이 가능하다는 것이었다. 다른 사람이 보기에는 '어? 이건 또 뭐지? 왜 서서 힘들게 근무하는 거지?' 라는 생각이 들 수도 있지만, 의학적으로 서서 근무하는 것이 척추에 좋다고 하여 이 회사에서는 열심히 근무하여 직급이 올라가면 서서 일 할 수 있는 권리를 줘서 책상을 높은 걸로 교체해준다고 한다.

방문을 마친 후에, 선배들은 우리에게 뛰어난 엔지니어가 되는 것도 좋지만, 한 벤처기업을 이끄는 리더가 되기 위해서 경영학적인 마인드도 겸비하는 것이 필수적이라고 언급하면서 학교에 가면 반드시 커뮤니케이션 능력을 기르라고 조언했다.

자유로움과 안락함으로 업무 효율을 높이는 문화 심 소 영

선배들과의 질의응답 시간에는 스타트업과 대기업을 비교하는 질문에, 선배들은 외국인 개발자로서 스타트업에서 근무하고 있음에도 불구하고 대기업에서 먼저 경험을 쌓는 것을 상당히 중요하게 생각한다고 말씀해 주셨다. 일단 그러한 경력이 취업비자를 발급받기에도 유리하고, 네트워킹과 관련해서 대기업에서 근무하는 것이 노하우로 남아 스타트업에서도 좋은 환경을 구축할 수 있게 하기 때문이라고 했다.

그곳에서는 개발자들이 11시가 넘어서야 출근하기 시작했고, 어디든 자기가 원하는 자리에서 일을 했다. 사무실은 각양각색의 사무용 책상 이외에도 언제든 마음껏 먹을 수 있는 간식과 보드게임이 구비돼 있었으며 사방 벽에는 저마다 반짝이는 아이디어를 품고 있을 것만 같은 수많은 포스트잇들이 도배된 것처럼 붙어 있었다. 그곳에서 중요한 것은 언제 와서 몇 시간 일을 하는가가 아니라 얼마만큼 일을 완성도 있게 할 수 있느냐였다. 그러한 환경이 이미 안정적으로 정착되어 있었기 때문에 직원들은 자유로움 속에서도 효율적으로 일을 해냈다. OOYALA의 직원들은 놀 때는 놀고 일할 때는 일하는 생활이 가장 효율적인 시스템이라고 했다. 그들은 서 있건 컨퍼런스 룸에서 누워 있건 키친에서 스낵을 먹으며 얘기를 하건 개인의 일하는 방식을 서로 존중했고, 각자의 업무를 진행하고 있음을 의심하지 않았다.

직원들이 자유롭게 오가며 식사할 수 있도록 식당에는 뷔페처럼 여러 종

포스트잇이 사방에 붙어있는 OOYALA의 사무실 벽면으로 반짝이는 아이디어를 장려하는 모습

류의 음식들이 가운데 모여져 있었고, 사무실이라기엔 어울리지 않게, 창문 여기저기에 붙어있던 만화 캐릭터를 보고 웃지 않을 수 없었다. 앉아있기보다 서서 일하는 사람들도 꽤 많았으며 모니터에 실시간으로 동시접속자를 띄워놓기도 하면서 유쾌한 직장 생활을 즐기고 있는 OOYALA의 직원들 모습은 참으로 인상적이었다. 애석하게도 그런 자유로움은 한국의 기업 분위기와는 너무도 거리가 멀다. 얼마나 일찍 출근하고, 늦게까지 일을 붙들고 있으며, 얼마나 자기 자리를 떠나지 않고 성실하게 앉아있느냐가 직원들의 바른 자세라고 생각하는 것이 우리 기업 문화의 현주소다. 엉덩이 무겁게 자리에 앉아 있더라도 일에 집중하기보다 온갖 딴 생각만 하면서 그 시간을 공허하게 흘려보내고 있다면 과연 그것이 직원 개인뿐 아니라 회사에게 무슨 발전과 이득을 가져다주겠는가?

사람은 항상 일만 할 수 없다는 점을 인지하고 엉덩이 싸움이 아니라 일에 집중하는 시간 외에는 몸과 마음을 쉴 수 있도록 지원해야 일의 효율을 더 높일 수 있다는 것을 우리나라 기업에서도 깨닫고 실천하는 것이 시급하다는 것을 느꼈다. 신생 기업이나 스타트업 기업, 혹은 중소기업들은 이러한 실리콘밸리의 문화를 받아들이려고 노력해야 할 것이고, 이미 현재의 기업 문화에서 벗어나기 힘들더라도 대기업이나 오래된 기업들은 변화의 중요성을 이해하고, 분위기를 쇄신하려는 노력을 기울여야 할 것이다.

비디오 스트리밍 기술의 리더 도 병 수

OOYALA 입구를 들어서자 전체적으로 개방적인 분위기에서 직원들이 모여 여유있게 토론하고 이야기하는 모습이 처음 다가왔다. 또한 개발자, 제품 매니저 등의 엔지니어링 파트와 판매, 기획 등 세일즈 파트의 경계가 명확해서 모든 사람들이 자신에게 주어진 일에 열정적으로 임하는 것 같았

근무 중에 탁구를 즐기는 모습으로
일과 놀이가 함께하는 사무실 분위기

다. 개발자들을 매우 중요한 인적 자원이라 생각하고, 그들을 위해 엄청난 복지를 투자하고 있는 미국의 IT 회사들을 둘러보면서 한국의 개발자들의 환경과는 사뭇 다른 것에 놀라지 않을 수 없었다. 그 곳의 개발자들의 의견은 매우 중요한 것이었고, 그들의 자리는 가장 높은 곳에 있었다.

모든 개발자들이 2~3 명씩 짝지어 개발할 수 있는 방을 배정 받아 각자 그들의 개성에 맞게 방을 꾸며놓고 즐겁게 프로그래밍하고 있었다. 우리가 OOYALA를 방문했던 날은 마침 월드컵이 한창이던 때였다. 그래서 그런지 직원들이 축구중계를 보며 일하는 모습을 쉽게 볼 수 있었다. 어떤 이들은 일 중간에 탁구도 즐기고 부엌에서 맛있는 음식도 꺼내 먹었다.

OOYALA는 전 스크린 기종에 맞춤형 비디오 경험을 전달하는 기업으로서 온라인 비디오 관리, 퍼블리싱, 분석, 과금화 분야의 리더다. OOYALA의 포괄적인 기술과 서비스는 콘텐츠 소유자들이 동영상 콘텐츠로 더 많은 수익을 창출하고, 더 많은 시청자 참여를 이끌어낼 수 있게 도와주는 솔루션을 제공한다. 아마도 B2B에 집중하는 회사라서 그런지 일반인들은 그저 Google에 인수된 사실만 기억할지 모르지만, OOYALA는 비디오 스트리밍에 관해서 최고의 자리에 있는 큰 중견 기업이었다.

Dropbox

가장 인상적이라고 손꼽히는 벤처기업 김 명 곤 외

Dropbox는 1기생 연수 중 학생들이 가장 인상적이라고 손꼽은 기업 중 하나이다. Dropbox는 샌프란시스코에 위치하고 있는 기업으로서 클라우드 파일 시스템 서비스를 제공하여 전 세계에 있는 대학생들의 팀 프로젝트와 직장인들의 업무를 도와주고 있다. Dropbox의 서비스는 생활 전반적으로 깊은 곳에 자리 잡고 있어 대학생들에게는 비교적 친숙한 기업이다. 그곳에서 직원으로 일하고 있는 한국인 서기준씨가 우리를 안내해주었다. 그는 CALTECH(캘리포니아 공과대학)를 다니다가 LG에서 3년간 병역특례로 군 복무를 마치고 다시 미국으로 돌아와 일을 하고 있다고 했다.

Dropbox는 구글이나 애플만큼 커다란 대기업은 아니지만 중소기업보다

샌프란시스코 소재 Dropbox –
회사분위기를 상징하는
벨로시랩터(백악기 공룡) 조형물

는 조금 큰 중견기업에 속한다. 샌프란시스코에 위치하고 있는 큰 건물의 한 층 전체를 사무실로 쓰고 있다. 말이 한 층이지 그 규모는 엄청난 것이었다. 사무실로 들어가는 입구에는 무료 티셔츠가 대량으로 쌓여 있었고, 벨로시랩터 조형물 위에 앉아있는 팬더 인형이 우리를 맞이했는데, 이것은 유명한 커뮤니티 사이트 9gag의 유명한 meme를 향한 오마주였다.

안으로 들어서자 엄청나게 높은 천장의 'ㅁ'자형 사무실이 모습을 드러냈다. 사무실로 쓰고 있는 건물이 매우 길다란 구조였기 때문에 큰 복도를 따라서 여러 부서들이 이어져 있는 형태였다. 때문에 사무실 통로마다 킥보드가 있어 넓은 사무실을 자유롭게 이동할 수 있도록 되어 있었다. OOYALA에서와 마찬가지로 서서 일할 수 있도록 높낮이가 조절되는 책상들도 구비되어 있었다.(허리 통증 때문에 서서 일하는 것을 선호하는 개발자들이 많다고 한다.) 사무실이 들쑥날쑥 했지만 외려 그런 모습이 더욱 자유로우면서도 전문적인 분위기를 풍기고 있었다.

사무실 곳곳을 꾸미고 있는 깨알같은 장식품들이 정말 마음에 들었는데 그중에 자판기에 키보드와 마우스 등을 채워놓은 장식물이 참 인상 깊었다.(이러한 Geek / Nerd한 요소들이 개발자들이 일하기 편하게 해주는, 일하고 싶게 해주는 요소들이라는 생각이 든다.) 직원들이 일을 하고 있는 양쪽으로는 대학교의 스터디 룸과 같은 투명 회의실이 쭉 나열되어 있었다. 각 룸들은 개개의 컨셉이 있었고 그에 따라 이름이 붙어 있었다. 레고로 가득 차거나 (회의를 하면서 레고 블록을 만지작거릴 수 있다.) 게임, 영화 포스터로 가득한 곳도 있었으며 그 외에도 독특하고 개성 넘치는 회의실이 여럿 있었다.

사무실의 중간 중간에는 음료수가 채워져 있는 냉장고들 외에도 작은 푸드코트가 마련돼 있었고, 사무실이 나뉜 구역마다 Mac이나 PC들이 비치되어 있어 거기서 MacBook이나 Laptop을 쓰는 직원들도 간간이 볼 수 있었다. 그리고 회사 한가운데에는 주문만 하면 즉석에서 전 세계 음식을 요리 해주는 식당과 근사한 밴드 합주실도 있었다.

서기준 선배는 인턴에 관심이 많았던 나에게 실리콘밸리, 샌프란시스코(Dropbox는 젊은 직원이 많기 때문에 실리콘 밸리가 아닌 젊은 층이 선호하는 샌프란시스코에 위치하고 있다.)에 있는 IT기업들은 주로 인턴을 상시채용으로 뽑고 있으니 평소에 영어로 된 자기소개서(Resume)를 많이 써 두고 기회가 될 때마다 지원을 해보라고 권유하기도 했다.

거기에서 그치지 않고, 우리는 세미나실로 들어가서 질의응답을 할 수 있는 시간을 가졌다. 많은 질의가 쏟아졌고, 이에 대한 대답이나 조언들이 뒤를 따랐다.

Q. Dropbox의 BM은 어떻습니까?

A. Dropbox는 기본적으로는 무료 서비스이지만 추가 용량을 사용하고 싶은 고객에 한해서 추가 요금을 받습니다.

Q. 가지고 있는 자료들을 관리하려면 구글처럼 커다란 데이터센터가 필요할 것 같은데 추후 계획은 어떻습니까?

A. 현재는 아마존에서 제공하는 서비스를(B2B 대용량 서버 서비스로 추측) 이용하여 서비스를 진행하고 있으며 빠른 시일 내에 독자적인 데이터센터를 짓는 것을 목표로 하고 있습니다.

Q. (서기준 선배께서)정직원이 되기 전에는 인턴으로 일을 하셨다고 했는데, Dropbox의 인턴 채용 방법은 어떠합니까? 저희 같은 학생들도 가능한가요?

A. Dropbox 뿐만이 아니라 미국내 대부분의 IT업체들은 상시로 인턴을 채용하고 있습니다. 저 같은 경우에는 UI 디자인팀에서 일을 하고 있습니다. 예전에는 Dropbox에 많은 부서가 있었지만 지금은 큼직한 부서 서너 개만 있습니다. 따라서 디자인팀에서 Mac, PC, Android, iOS 디자인을 모두 해내고 있습니다. 제가 처음에 왔을 때에 디자인 팀에서 Android UI 디자인을 진행 중이었는데 그때 저는 Android개발을 전혀 할 줄 몰랐습니다. 그 사실을 회사에 이야기 하니 "문제될 것 없다. 저기 다른 부서에서 배워오면 된다." 라고 하며 몇 주 간 Android 개발을 공부할 수 있도록 지원해주었습니다. 그리고 Android를 마스터한 후에 프로젝트에 참여할 수 있었습니다. 회사에 도움이 된다고 생각이 든다면 조금 부족하더라도 인턴으로 채용하는 것이 이곳의 문화입니다. 부족한 점은 배워나가면서 채우면 되죠.

Q. App개발을 할 줄 모르면 어떻게 되나요? 해고당하나요?

A. 하하, 그 역시 다른 부서에 들러서 배워오면 됩니다.

담화를 나누면서 회사를 한 번 더 둘러보는데 서버 개발자들이 검은 배경 화면에 알록달록한 글씨로 개발하고 있는 모습도 보였다. Ubuntu Linux OS 환경에서 작업을 하는 듯 했다. 또 어떤 자리에는 풍선이 달려 있어 궁금해 물었더니 신입사원이라는 표시라고 했다. 동서양 어디나 신고식 문화가 있다는 것이 재밌었다. 안내가 그렇게 끝나고 사진을 찍은 뒤 입구에서 선물로 나누어주는 Dropbox 로고가 새겨진 티셔츠를 받았다. 그런데 같이 연수 온

학생들이 다들 그 티셔츠를 갖겠다고 난리도 아니었다. 그만큼 Dropbox가 모두에게 큰 인상을 남긴 것이다.

내가 좋아하는 일, 그리고 그 일에서 오는 즐거움

Dropbox에서 보았던 풍경은 결코 잊을 수 없을 것이다. '집단의 쾌락주의적 균형'이 실현된 현장이었다. 이것은 사람간의 친밀도와 그들의 수행 능력의 상관관계를 나타내는 말이다. 실리콘밸리 7가지 성공비결을 다룬 빅터W. 황의 저서 '정글의 법칙'에서는 긍정적 사고 집단이 자주 웃거나 농담을 하는 등 높은 수준의 에너지와 상호작용이 일어나 그 결과, 함께 일하는 것을 즐기게 되면서 소프트웨어 개발 능력 또한 올라갔다는 연구 결과를 제시한다.

가지런히 정돈되어 있는 것이 아닌, 자유분방하게 어질러진 책상 위와 신입 사원임을 알리는 풍선, 회사 곳곳을 가로지르며 달리는 킥보드와 음악 연주실의 존재. 그곳에서 직원들은 앉아있기보다 주변을 돌아다녔고, 소파에 누워 있거나 휴게 공간에 모여 대화를 나누고 있었다. Dropbox는 창조적인 발상의 밑바탕이 어디서부터 오는지 제대로 알고 있는 듯 했다.

한국에서는 자신의 옆자리에 앉은 회사 동료가 매일 농담 따먹기나 하고 간식이나 먹으면서 생산적이어 보이지 않은 활동에 대부분의 시간을 할애하는 것처럼 느껴지면 대부분 그를 한심하게 여길 것이다. 그리고 그것이 자신의 부하 직원의 이야기라면 걱정을 넘어 분노를 느끼게 될 것이다. 나 또한 그 속에서 그 문제의 동료를 다르게 보지 못할 것이다. 적어도 이번 연수를 오기 전까지만 해도 그랬을 것이다. 근무시간에 업무와 관련된 게 아니더라도 동료들과 즐겁게 즐기고 있다면 그것이 일의 효율과 연결되어 높은 성과로 돌아온다니! 그런 큰 그림을 그리기보다 눈앞의 것만 보고 판단하는 우리 사회와 나 자신을 되돌아보며 반성하지 않을 수 없었다.

우문현답 이 민 아

Dropbox에서 이런 자유로운 환경이 가능한 이유는 직원 개개인이 자신이 좋아하는 일을 자발적으로 하기 때문일 것이다. 스스로 동기부여를 하고 적극적으로 문제 해결에 힘쓴다면 강압적으로 업무 시간을 부여하고, 지정 좌석을 주어 감시하는 등의 외부의 노력이 없더라도 그 이상의 결과를 가져 올 것이 분명하다.

예전부터 이와 같은 자유로운 기업 문화로 명성이 높았던 구글에서 만난 선배에게 내가 구글에 입사하고 싶은데 어떻게 준비해야 하냐고 묻자, 선배는 애매하게 웃으면서 이렇게 답했다. "급하게 준비해서 온 사람인지 아니면 이전부터 열정을 가지고 컴퓨터를 해 온 사람인지 인터뷰를 하다 보면 금방 드러나요. 요행으로 들어온다 해도 자신이 진정으로 이 일을 즐기지 못하면 곧 지쳐서 포기하게 될 거에요. 그냥 자신이 좋아하는 일을 하세요. 내가 좋

아하는 일을 하고 있다면 그 장소는 크게 중요하지 않을 겁니다." 우문현답
이었다.

혁신적이고 창조적인 업무 환경 심 소 영

Dropbox는 일의 효율을 높이기 위해 모든 지원을 아끼지 않는 것 같았다.
Dropbox에서는 다른 회사가 생각조차 하지 못할 일들이 벌어지고 있었다.
Dropbox는 우리가 방문한 그 어떤 기업보다도 혁신적이고, 창조적인 환경을
가지고 있었다.

단연 회사 내부의 환경도 환상적이었지만 그에 소속된 직원들의 마인드
도 본받을 게 많았다. 기업의 역사가 길지는 않지만 직원들은 회사가 생겨나
게 된 시점부터의 모든 역사와 회사의 상황을 모두 인지하고 있었다. 단순히
알고 있는 것이 아니라 그를 통해 이 회사가 얼마나 잠재력을 지니고 있는지
또, 본사의 엄청난 성장에 자신들이 함께 있다는 사실을 얼마나 자랑스러워
하는지가 그들과의 대화에서 고스란히 느껴졌다. 그들은 자신이 하는 일을
사랑하고 있었고, 자신의 회사를 사랑하고 있었다. 그곳의 문화는 자유로움
을 기반으로 그에 따른 책임감과 서로간의 배려와 믿음이 만들어 낸 문화였
다. 그것이 Dropbox가 고속성장을 하고 성공한 기업으로 자리 잡을 수 있게
한 이유일 것이다.

Flow State Media

작지만 강한 자신감의 게임 벤처 김명곤, 장혁, 안종현

Flow State Media라는 작지만 강한 게임회사의 대표 Kahn Jekarl로부터 강의를 들었다. 그는 강의 중에 'Letter Up'이라는 우리에게 다소 생소한 게임을 보여 주었는데 그것은 Facebook을 기반으로 하는 소셜 캐쥬얼 게임으로 북미에서는 Top 순위에 오를 만큼 유명하고 잘 알려져 있는 것이었다. 이밖에 대표적인 게임으로는 'Candy cane casino'가 있다.

성공의 열쇠는 Facebook Platform을 이용한다는 것이다. CEO의 친구 도움으로 이 회사는 Facebook Platform을 이용할 때 홍보비용을 별로 들이지 않았고, 런칭할 때도 많은 도움을 받았다고 한다. 덕분에 마케팅에 힘을 들이지 않고도 큰 효과를 거둘 수 있었던 것이다. 이를 통해 그만큼 평소에 나를 얼

Flow State Media의
대표적 소셜 캐쥬얼 게임인
Letter Up

마나 알리려고 표현하고 노력했는지 또 관계를 어떻게 유지했는지가 Silicon Valley에서는 중요한 능력임을 알 수 있었다. 이러한 '짧은 거리'를 위한 인맥을 얻는 특별한 방법을 소개받을 순 없었지만 누구에게나 자기가 하는 일에 대해 자신있게 설명할 줄 알고, 능란하게 네트워킹할 줄 알며, 꾸준히 관계를 유지 하려는 노력을 기울여야 한다는 것을 느낄 수 있었다.

Flow State Media의 CEO, Kahn Jekarl은 어렸을 때부터 게임을 좋아해서 삶의 모든 부분을 스스로 지금의 게임 사업을 하기 위해 설계했다고 해도 과언이 아니다. 학창시절에 이미 게임벤처도 해보고, 시중의 게임이 마음에 들지 않는다는 이유로 직접 게임 사업을 하며 더 Cool한 게임을 만들어보겠다는 각오로 MBA에도 진학했다. 그리고 그는 스타트업으로 뛰어들기 이전에 Activision Blizzard의 Call of Duty 마케팅 부서를 거쳐 Zynga라는 캐주얼 게임

회사에서 일을 하게 되었다. 그곳에서 마음이 잘 맞는 오늘날의 동업자들을 만나게 되었고, 드디어 꿈꾸던 회사를 차리게 되었다. 그들의 첫 번째 게임은 창업자 혼자서 만들었다고 하지만 6명의 공동창업자들과 동업하게 되면서부터는 서로가 업무에 있어서 각자 톱니바퀴처럼 맞물려 제 역할을 해내며 지금의 모습으로 발전시켜왔다고 한다.

그리고 Kahn Jekarl은 Start-up이 투자에 주의할 점에 대해서 얘기해주었다. 그는 투자가를 '양의 탈을 쓴 늑대' 라고 표현했다. 왜냐하면 그들은 벤처기업에 투자하여 많은 지분을 요구하고 제어하려고 하기 때문이다. 그래서 Flow State Media의 창업자들은 자신들이 하고 싶은 일을 구속받지 않고 계속하기 위해서 투자를 최소화하는 전략부터 세우고 Start-up에 도전했다고 말했다. 실제로 초기 자금을 벤처 캐피탈이 아닌 주변에서 조달했다고 한다. 그의 조언은 Start-up 입장에서 VC가 기업의 지분과 관련해서 부정적인 입장일 수 있다는 것을 일깨워주었다. 이를 통해서 단순히 투자를 많이 받는 것만이 좋은 것은 아니며 나름의 철저한 투자 전략이 필요함을 잘 배울 수 있었다.

Kahn Jekarl은 자신이 정말 좋아하는 게임을 통해 Start-up에 대한 열정을 키웠듯이 우리도 우리가 정말 좋아하는 것을 빨리 찾아서 좋은 Team member들과 함께 Traction을 가지고 Start-up에 도전하고 싶다는 열정을 한껏 품어볼 수 있었다.

현재 창업을 준비하고 있는 우리 중 한 학생이 창업 멤버를 구하는 것이 어려움이 있다며 Kahn Jekarl에게 어떤 방법이 있는지 질문했다. 그는 학창시절에는 자신이 다닌 대학에서 팀원들을 구했다고 대답했다. 대학이라는 장소가 자신의 비전과 목표를 같이 할 수 있는 사람들을 찾기가 좋은 곳이라고 하였다. Steve Jobs 또한 자신의 대학에서 Steve Wozniak을 만났고, Com2us의 사장 또한 자신의 동반자이자 부사장을 대학교에서 만났다는 점에서 설득력이 있어 보였다. 그러나 그가 뒤에 거듭 강조하는 것은 '함께 일하는 Co-workers가 자신과 잘 맞는 것이 일하는 데에 있어서 매우 중요하다.'는 것이다. 그리고 Jerk will be jerk(나쁜 놈은 나쁜 짓을 한다. - 언어순화 의역) 라는 말을 덧붙여서 좋은 동료를 찾는 것은 그만큼 쉬운 것이 아님을 피력하기도 했다.

마지막으로 가장 인상 깊었던 것은 Khan의 프레젠테이션이 너무나 강력해서 Flow State Media가 시작하는 단계의 작은 기업이지만, '확실히 성장할 수밖에 없는 기업이겠구나' 하는 생각이 절로 들었다는 점이다. CEO의 역량 중에 기업에 대한 비전을 짧은 시간 안에 청중에게 제대로 전달할 수 있는 능력이 정말 절대적이라는 것을 Khan의 프레젠테이션을 통해 강력히 느낄 수 있었다. 이날, 우리는 CEO뿐 아니라 Engineer와도 두루 만나보면서 각자의 위치에서 갖추어야 할 역량이 무엇인지 더 알아볼 수 있었다. 그리고 그들 각자에게서 공통적으로 느낄 수 있었던 것은 자신감이었다. 그들은 자신의 일에 자부심을 느끼며 앞으로의 미래를 설계하고 있었다.

Tesla

전기자동차의 메카

강 연 호

전기자동차를 만드는 테슬라는 요즘 뉴스에서 자주 뜨고 있고, 특허까지 전부 공개한 상태라 마침 관심을 가지고 계속 지켜보던 곳이었다. 그래서 테슬라 회사의 전략 방침이 궁금했고, 거기서 만들어지는 제품의 완성도에 의문을 가지기도 했다. 테슬라의 제품이 좋은 생각에서 출발해 만들어졌다는 것은 인정하지만 실제로 그것이 쓰일 수 있을 지는 또 다른 문제이기 때문이다.

그러나 테슬라 매장에 도착해서 자동차 모델을 보는 순간, 그런 의문들 대신 '대단하다'는 생각부터 들었다. 기대했던 것보다 자동차는 완성도가 높았고 시스템이 체계적이었다. 중국 부자들 그룹에서 테슬라 붐이 불고 있다는 이야기를 TV를 통해 본 적이 있는데 거기에 등장한 실제 모델을 직접 보고 나니 왜 그런지 이유를 알 수 있을 것 같았다. 일단은 미끈한 곡선에 디자인이 깔끔해서 외관은 맘에 들었다. 현재는 100% 전기 차로 세 가지 모델이 판매되고 있으며 가이드의 설명에 따르면 한번 충전으로 갈 수 있는 거리도 300km이상이라고 하니 사용 중 불편은 없을 것 같았다.

그리고 신기했던 것은 그 전기차가 어릴 때 가지고 놀았던 장난감 자동차와 비슷했다는 점이었다. 실제로 그것이 장난감 자동차를 그대로 확대하고, 용량이 큰 건전지를 넣고, 안전성을 높인 것이라는 생각도 들었다.

또한 매장에 전시된 자동차 하부는 배터리로 구성이 되어있었다. 그리고 그 위에 자동차 외형을 장착하고 전기만 공급하면 바로 앞으로 달릴 수 있다고 했다. 또한, 기름을 사용하지 않기 때문에 진동이 적고, 소음이 없으며 당연히 기름 냄새도 나지 않는다고 덧붙였다. 너무 심플하면서도 단순한 것처럼 보이지만 이런 제품이 완성될 수 있다는 것은 정말 놀라운 일이었다. 발상에서 끝나지 않고 기존에 가지고 있던 불편한 점을 적극적으로 해결하려는 노력으로 가능성을 만들어낸 것이다.

그리고 차량 제어는 철저히 소프트웨어로 하고 있었다. 이 부분에 대해서는 좋은 것인지 나쁜 것인지 쉽게 확정을 내릴 수 없었다. 하지만 분명한 것은 현재 시대는 소프트웨어 시대라는 것이다. 자동차 내부는 터치스크린이 장착되어 있었고, 소프트웨어가 모든 것을 제어하고 있기 때문에 운전자가

손으로 다룰 수 있는 장치는 몇 개 되지 않았다. 다시 한 번 시대의 흐름을 일깨워주는 순간이었다. 물론 컴퓨터공학을 전공하는 우리로서는 좋은 소식이 아닐 수 없었다. 소프트웨어 응용의 한계가 어디까지인지 그리고 어떤 분야에서 또 사용될 지, 상상을 하는 것만으로도 놀라울 뿐이었다.

전기차: 소프트웨어 전공자의 기회 김 양 선

몇몇 친구들은 직접 TESLA를 시승해 보기도 했다. TESLA사의 자동차들이 인상적이었던 점은 비록 구매비용이 높은 편이지만 순수하게 전기로만 운전이 가능하기 때문에 기름 값을 크게 절감할 수 있는 것이었다. 또한 엔진 또는 스피드 측면에서 벤츠, BMW와 같은 우수한 제품들과 비교했을 때 크게 밀리지 않는다는 것이었다. 최근 몇 년간 지구온난화로 인한 여러 환경문제가 전 세계적으로 영향을 끼치면서 대부분의 나라에서 기업들에게 이산화탄소 배출량을 줄이기 위해 이와 관련된 환경법을 강화시키는 추세다. 이를 염두에 둔다면 전기 자동차는 장기적으로 봤을 때 가격이 상대적으로 저렴할 뿐만 아니라 자연친화적이고, 지속가능하기 때문에 개인적으로 발전 가능성이 크다고 생각한다. 또한 소프트웨어를 전공하는 학생의 관점에서 이런 전기 자동차에 적용할 만한 참신한 프로그램을 개발해 보는 것도 좋은 기회가 될 거라는 생각도 들었다.

Tesla 전시장의 혁신적인 전기자동차

CD Networks

Know yourself

이 용 길

실리콘 밸리에는 정말 다양한 기업생태계가 존재하는 것 같다. 그중에서도 내게 가장 인상 깊었던 곳은 'CD 네트웍스'였다. CD 네트웍스에 대해서는 홈페이지를 통해 더 자세한 정보를 알 수 있었다.

그곳 부사장님의 강연을 듣게 되었다. 그는 한국에서 대기업을 다니다가 해외시장에서 성공해보겠다는 포부를 품고, 이를 실천하기 위해 당시에 중소기업이었던 'CD 네트웍스'에 지원하게 되었다고 한다. 정말 자신의 꿈을 위해 잘 다니던 대기업도 포기하는 모습이 대단해보였다. 그가 미국행을 고려하고 있을 때 'CD 네트웍스'는 매년 적자에 허덕이고 있었다. 그에게는 매우 위험한 도전이 아닐 수 없었다. 하지만 그는 당당히 미국으로 가는 길을

NO.1
씨디 네트웍스는 2000년 국내 최초 CDN 전문 기업으로 비즈니스를 시작한 이래, 핵심 경쟁력을 바탕으로 국내 No. 1, 아시아 No. 1, 글로벌 경쟁력 No. 1 CDN 사업자로 성장

10years
10년 경력의 프로페셔널로 구성된 컨설팅 전문가 그룹을 운영. CDN 이라는 매우 전문적인 서비스의 특수성에 따라, 개별 고객사를 위한 맞춤 컨설팅을 통해 최적의 퍼포먼스를 이끌어 낼 수 있도록 적극적인 기술 지원 서비스를 제공

14years
씨디 네트웍스의 첫 고객사인 예스24. 2000년 창업 이후 2014년 현재까지 씨디 네트웍스는 예스24에 14년간 CDN 서비스를 제공. 고객사의 성공이 곧 씨디 네트웍스의 성공이라는 마음가짐으로 서비스를 제공한 결과, 주요 고객사의 평균 계약 기간이 3년 이상으로 고객 신뢰를 확보

40patent
씨디 네트웍스는 국내외 CDN 서비스 관련 40건 이상의 주요 특허를 보유. 콘텐츠 전송 네트워크 시스템을 비롯해, 콘텐츠를 빠르고 안전하게 전송할 수 있는 방법에 대한 끊임없는 연구 개발의 결과, 취득한 CDN 분야의 기술을 바탕으로 더 나은 서비스 제공을 위해 아낌없는 투자와 연구를 하고 있다.

140pop
전세계 140여 개의 PoP을 기반으로 한 글로벌 인프라를 보유. 글로벌 최고 수준의 CDN 전용 인프라로서 최상의 IT 환경을 구축하고 있어 글로벌 서비스 제공 시 해외에서 발생하는 대규모 트래픽에도 안정적인 웹 서비스를 제공할 수 있습니다. 현재 주요 도시를 중심으로 PoP 구축을 계속 확장하고 있다.

1500
국내외 1,500여 개의 고객사와 거래. 각 분야별 최고의 기업이 선택한 씨디 네트웍스는 수많은 고객의 다양한 요구사항을 충족할 수 있는 우수한 서비스 운영 역량을 보유.

17,500
씨디 네트웍스는 전세계적으로 현재 17,500개 이상의 웹사이트와 어플리케이션을 대상으로 가속 서비스를 제공하고 있다.

1조
씨디 네트웍스는 글로벌 CDN 인프라를 통해 웹, 어플리케이션, DNS 등을 포함하여 매월 2조 회의 리퀘스트를 처리하고 있다.

· 출처 http://www.cdnetworks.co.kr

CD Networks가 자랑하는 Contents Delivery Network서비스의 주요 통계치

택했다. 그가 제일 처음으로 'CD 네트웍스'에서 한 일은 중구난방으로 되어 있었던 사업 아이템들을 정리하는 일이었다. 그러면서도 그는 그 위기 속에서 기회를 보았고, 그가 'CD 네트웍스'에 입사한지 불과 몇 년 만에 회사의 적자를 흑자로 전환하는 기적을 만들어냈다.

나는 자신의 꿈을 위해 안정적인 것을 포기할 줄 알고, 과감하게 시장을 개척해 나간 부사장의 이야기에 정말 깊은 감명을 받았다. 그는 그런 고난을 이겨내느라 머리가 다 빠져 대머리가 됐다고 농담하듯 웃으며 말했지만, 자세한 고생담을 듣지 않았어도 그 때 당시 그가 얼마나 정신적으로 육체적으로 고단했을 지가 느껴졌다. 그리고 그에 비추어 현재의 나는 어떤가라는 생각을 할 수밖에 없었다.

실리콘 밸리에서 많은 분들께 가르침을 받은 것 중 가장 많이 겹치는 것이 'Know yourself'하라는 말이었다. 물론 이는 대기업에 취업해서 열심히 일하고, 공기업에 들어가서 나라에 이바지하는 삶을 사는 것을 절대 하찮거나 낮은 삶이라고 치부하는 말이 아니다. 분명 자기가 잘 할 수 있는 일을 찾았고, 그 일에 최선을 다하는 것이 즐겁다면 당연히 그 삶은 존경받을 만하고 가치 있는 삶이라고 생각한다. 하지만 주변 시선에 의해 정작 자기가 하고 싶었던 일을 하지 못하는 삶이라면 그것에 대해서는 좀 더 고민해볼 수 있어야 한다고 생각했다.

NeuroSky

뇌파를 활용한 상품 이 인 엽

우리는 캘리포니아(California) 주 산호세(San Jose)에 있는 뉴로스카이에 가서 이구형 박사님을 뵙고, 박사님께서 해주시는 회사의 이야기를 들을 수 있었다. 뉴로스카이는 빌딩 중 한층 일부를 사무실로 사용 중이었다. 이곳에서 개발 중인 아이템은 뇌파를 측정하는 기계이다. 뇌파를 측정하는 기술로 많은 응용 제품들을 만들어 냈는데 현재 제품으로 나온 응용 제품은 장난감도 여럿 있었다. '네코미미(고양이귀)'이외에도 스타워즈의 '포스'컨셉을 이용한 장난감들이 있었다. 기술에 스토리텔링이 가미되니 더 즐거웠다.

어떤 장난감은 머리에 제품을 쓰면 뇌파를 측정할 수 있어서 집중도에 따라 공이 뜨기도 하고 내리기도 했다. 두 사람이 제품을 쓰고 집중을 하면 집중력이 더 약한 사람 쪽으로 방향이 돌아가게 만든 게임기도 있었다.

아래에 보이는 것은 교수님이 뉴로스카이 제품을 착용하고 뇌파를 측정하는 모습이다. 화면에 보이는 8개의 요소와 집중도, 이완도를 측정할 수 있었다. 실제로 교수님이 눈을 감고 휴식을 취하자 이완도가 증가했고, 어떤 점에 집중을 하니 집중도가 증가하는 것을 화면으로 볼 수 있었다.

뉴로스카이에 가서 인상 깊었던 점은 크게 두가지가 있다.

첫째는 주로 의료 분야에서 사용되던 뇌파 기술을 응용 분야까지 가져왔다는 점이다. 하나의 기술이 이렇게 응용되어 여러 분야로 확장한다는 것은 커다란 이슈가 아닐 수 없다. 그 기술을 이용한 제품들이 만들어져 나올 것이

뇌파의 다양한 요소를 정밀하게
측정하는 모습

고, 그것들이 사람들의 삶에 크게 영향을 끼칠 것이다. 그렇게 되면 스마트폰이 그랬던 것처럼 사람들의 삶의 방식을 변화시킬 것이 분명하다.

개인적으로 뇌파의 응용은 상당히 큰 변화를 불러일으킬 것이라고 판단된다. 현재 개발된 것 이외에도 여러 웨어러블 디바이스(wearable device, 착용형 장치)와 연동이 된다면 더욱 흥미로운 창조물들이 많이 만들어지게 될 것이다. 또 이 기술을 통해서 사람들이 자신의 뇌를 다스리는 방법을 더 잘 알게 될 수도 있겠다고 생각하니 어쩌면 이것이 인류가 다음 단계로 진화하는데 큰 도움을 주진 않을까? 하는 기대감도 생겨난다.

더군다나 평소에 관심이 많던 뇌파 분야에서 이러한 발전 양상을 보게 되어 반가웠다. 그리고 머릿속에서 그와 관련된 여러 가지 아이디어가 떠오르는 것을 막을 수가 없었다. 앞으로 머리에 쓰는 장치 없이도 뇌파를 측정하는 것이 가능하다거나 뇌파 측정이 지금보다 더 정밀하다면 미래는 그 덕분에 정말 재미있는 세상이 될 것이다. 그리고 당연히 뉴로스카이의 기술의 발전도 그러한 방향으로 가고 있을 것이다.

두 번째로 인상 깊었던 점은 생각보다 기술 구현의 완성도가 상당히 높았다는 것이다. 교수님이 뇌파를 측정하는 제품을 시연했을 때 보이는 여러 가지의 요소들이 꽤나 정확한 수치로 표현되고 있었다. 컴퓨터를 공부하는 학생으로서 어떻게 그런 구현이 가능한지 참 궁금할 따름이었다. 뻔한 이야기

같겠지만 역시 '아무나 하는 것은 성공할 수 없구나.' 라는 생각이 들었다.

　직접 CTO 를 만나서 그런 제품들을 만드는 과정에서 얼마나 많은 코드를 쓰고, 얼마나 많은 테스트를 했을 지를 묻고 싶었지만, 그런 시간이 주어지지 않아 아쉬울 따름이었다. 그런 완성품을 만들어내기까지 개발자는 무척이나 고단하고 힘들었을 것이 분명하다. 그럼에도 그들이 제품을 만들어 낼 수 있었던 것은 제품에 대한 열정 때문이었을 것이다. 다른 선배들이나 연사들도 공통적으로 이야기했던 부분이 바로 그것이다. 자신이 좋아하는 일을 해라. 새로운 것을 만든다는 것은 그만큼 힘든 일이고, 그렇기 때문에 그것을 좋아하지 않으면 포기하게 되나보다. 그럼 나는 과연 현재 좋아하는 일을 하고 있는가? 그렇다면 나는 자신있게 말 할 수 있다. 나는 나의 전공이 마음에 들고, 재미있는 분야가 여러 개라서 어떤 것을 공부해야 할 지 고민하는 중이라고.

　뉴로스카이에서 본, 제품에 대한 자부심은 그저 보여주기용이 아니었다. 그는 제품에 대해 굉장히 자신 있어 했으며 그것이 아주 멋진 물건이라고 굳게 믿고 있었다. 그것이 실제이든 그렇지 않든 박사님의 그런 모습이 아주 멋있어 보였다. 그리고 '이 정도는 해야 자신의 제품을 세상에 선보이는구나.' 하고 느낄 수 있었다. 뉴로스카이는 아직은 조그마한 회사이지만, 블루오션을 개척하며 혁신을 꿈꾸고 있다. 성공할 수 있을지 없을지는 정확히 알 수 없지만, 마치 차고에서 시작하려는 애플과 마이크로소프트를 보

는 듯 한 기분이 들기도 했다. 나 또한 이러한 혁신의 주역이 되고 싶으며

또 될 것이라고 믿는다.

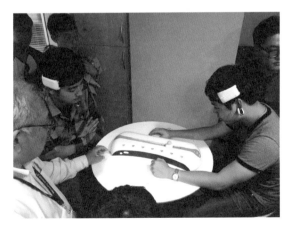

NeuroSky의 뇌파를 이용한
집중력 게임제품

S사 : 실리콘밸리 기업 인턴쉽

실리콘밸리 기업의 업무 체험 기회   이충인 백대현

우리는 학교 측의 지원으로 SW융합 전공의 과정 중 하나인 '인턴십'을 해외에서 수행할 수 있게 되었다. 짧은 기간이지만, 실리콘밸리라는 IT 산업의 성지라고 할 수 있는 곳을 직접 경험할 수 있는 기회는 흔치 않다. 이번 인턴십에는 우리 둘 이외에 컴퓨터보안 연구실의 박사과정을 밟고 있는 선배 한 분도 함께하게 되었다. 선배는 어땠는지 모르지만, 이제 막 2, 3학년을 마친 풋내기 우리 둘은 "내가 뭘 할 수 있을까?" 하는 두려운 마음을 가지는 한편 "정말 소중한 기회니 열심히 해야겠다."는 다짐을 하며 미국으로 떠나게 되었다.

우리가 인턴십을 수행한 회사는 여러 사정을 고려하여 실명을 밝히기가 곤란한 S사는 실리콘밸리의 SunnyVale에 위치하고 있고, 실시간 네트워크 가시화 및 관리 가상화 솔루션, SDN(SW Defined Network) 등의 차세대 네트워킹 솔루션 기업이다. 건물에 자그마한 간판 하나만 드러낸 모습과는 대조적으로 회사 내에서는 역동적이고 자유분방한 분위기에서 제품을 개발 중인, 능력 있는 직원들을 볼 수 있었다. 회사의 설립자이자 CEO는 30대의 다소 젊은 나이에도 불구하고 주목할 만한 경영 능력으로 원활한 회사 운영을 책임지고 있었고, 60세에 가까운 CTO는 Cisco Systems(미국의 네트워크 통신 회사) 핵심 개발자 출신답게 연륜과 경험에서 묻어나오는 지혜를 보여주었다. 그 밖에 다른 사원들도 대체로 실리콘밸리에서 유망한 기업 혹은 연구소 출신들로 포진해 있었다. 전반적으로 S사는 작지만, 핵심 가치가 뛰어난 기업이라고 할 수 있다.

회사의 CEO는 우리가 기존 회사제품에 보안적인 요소를 추가할 수 있을 만한 프로젝트를 진행하기를 원했다. 그래서 우리는 CTO와 함께 우리가 짧은 기간 동안 '무엇'을 얼마나 효과적으로 해낼 수 있을지에 대해서 자유롭게 의견을 교환해 보았다. 그래서 DDoS(Distributed Denial of Service: 분산 서비스 거부 공격) 방어 모듈을 개발하기로 협의했다.

각자 다른 DDoS 방어 모듈을 구상하면서 회사의 복잡한 시스템을 이해해야 했고, 개발까지 해야 하는 그때 당시에는 정말 막막했다. 회사에서는 우리 셋이 기거할 만한, 숙소를 잡아주었다. 그곳에서 화창한 겨울 날씨를 만끽

하며 걸어서 회사에 출근하는 일상이 시작되었다. 출근 시간은 보통 10시쯤 이었다. 그러나 실리콘밸리의 스타트업 회사들은 일반적으로 출퇴근 시간이 비교적 경계가 없는 편이었다. 새벽 6시에 출근해서 점심 먹고 퇴근하는 직원도 있고, 점심시간 이후에 출근하는 직원도 있었다.

업무공간 세팅 후 방대한 소스코드 분석 작업

인생에 다시 없을 소중하고 성공적인 경험

우리의 프로젝트를 진행하기에 앞서 회사가 개발하고 있는 소프트웨어에 대해 분석해야 했는데, 워낙 방대하고 복잡한 소프트웨어이기에 많은 노력과 시간이 필요했다. 수십만 줄에 이르는 소스 코드 구조를 파악해야 했고, 낯선 환경에 적응하기보다 낯선 프로젝트에 적응해야 했다. 출퇴근이 자유로웠지만 주어진 일을 하기 위해서 어쩔 수 없이 야근, 밤샘도 자주 하게 되었다. 수시로 우리끼리 회의를 하며 서로 이해한 내용을 공유하였고, 구상한 메커니즘에 대해 논의하면서 조금씩 조금씩 프로젝트를 진행해 나가게 되었다.

회사 측에서는 인턴에 대해 별다른 기대를 하지 않았지만, 젊은 대학생의 창의력을 지켜보고 싶어 했다. 때문에 추가적으로 개발을 했거나, 새로운 아이디어가 있을 때 공개적으로 발표하길 원했다. CTO와도 종종 미팅을 하며 도움을 받고 방향을 조정할 수 있었다. 스스로를 판단하기에는 부족했지만, 우리 셋은 서로 조언해주고 도와주며 함께 실리콘밸리를 배워가며 성장한다는 것을 느꼈다. 또한, 그들도 처음에는 "짧은 기간 동안에 뭘 하겠나. 그냥 놀러 왔다 가는 한국인들"이라고 생각했던 것 같다. 그러나 우리는 기회를 헛되이 보내지 않겠다는 생각에 밤낮을 가리지 않고 개발에 열중했다. 그러자 회사 측에서는 그런 한국인의 일에 대한 열정에 놀라워했고, 그들도 점차 의욕을 가지고 친절하게 우리를 도와주었다.

CEO 및 직원들과 함께 향후 프로젝트 방향에 대한 Proposal 회의

　맨땅에 헤딩하는 식으로 소스코드를 처음부터 면밀히 분석하고 응용분야를 계속해서 고민하던 끝에 고려대학교 보안연구실에서 진행하고 있던 DDoS(Distributed Denial of Service) 방어 기법을 적용할 수 있는 방법을 찾아내었다. 그리고 약 1개월간, 영어실력이 미숙해도 모르는 점이나 궁금한 점에 대해서는 적극적으로 질문을 해 가면서 개발에 몰두한 끝에 프로토타입을 완성할 수 있었다. 프로토타입의 컨셉을 드디어 사원 모두에게 제시하게 되었을 때 느꼈던 긴장과 감동은 지금까지도 잊을 수 없는 색다른 경험이었다. 특히, 그곳 직원들로부터 "대학생 인턴에 대해서 일말의 기대도 하지 않았는데, 이제 생각을 고치게 되었다. 인상적인 프레젠테이션을 보여주어 고맙다."라는 격려의 말을 들었을 때는 우리 자신이 자랑스럽게 느껴지기도 했다. 인턴십을 마칠 무렵, 직원들과 회식을 하면서 이방인인 대학생 인턴에 대

프로토타입 개발 후 결과물을 리뷰하면서 흡족해하는 CEO

해 마음을 열어주던 그들의 모습에서 따뜻한 인정을 느꼈다. 그래서인지 그들과 헤어지는 것이 더욱 아쉬웠다.

Sunnyvale이 실리콘밸리 중간에 위치해 있기에 주말에 남는 시간을 이용하여 다른 많은 기업, 대학도 탐방할 기회가 있었다. Intel, Facebook, AMD와 같은 유명한 기업들이 일하는 회사 바로 옆에 있다는 것이 정말 신선했다. 그리고 스탠포드나 버클리에 재학 중인 학생들이 실제 실리콘밸리 기업들과의 산학 협력이 매우 활발히 이루어지고 있고, 학생신분에서 스타트업을 하거나 인턴을 하는 것이 매우 자연스럽다는 것이 부러웠다.

인턴으로서 짧았던 기간 동안 실리콘밸리에서 밤새 코딩하고, 문제를 찾으며, 열심히 노력했던 기억은 인생에 다시 없을 소중한 경험으로 남았다. 그리고 그 외 많은 것을 직접 보고 듣고 느낀 덕분에 우리가 한층 성장했다는 것을 느낄 수 있었다. 처음에는 정말 막막했던 프로젝트를 팀원들과 서로 격려하며 열심히 했기 때문에 그곳 직원들의 도움을 이끌어낼 수 있었고, 성공적인 결과를 만들어낼 수 있었다는 사실도 우리에게 큰 교훈으로 남았다.

⟨S사 CEO가 보내준 인턴십에 대한 찬사 메일 ⟩

Gentlemen,

I just wanted to say thank you for spending your internship with our company and it's been a great pleasure having you here. The efforts you put in to make your projects a success were really admirable and astounding and gives me great hope for the future knowing there's such intelligent, hard-working college kids who are going to define the networking functions of the future. The task(s) assigned to you was no small feat and quite honestly carried a chance of failure. But succeed you did and your efforts and accomplishments are recognised by everyone at our company. You each have a welcome future at our company when you're ready and it would be a great pleasure for our company to open a Korea office or have you come to our company's HQ when your schooling is complete.

Your accomplishments speak quite a bit for the great level of education from Korea University, not to mention your awesome Professor Lee. You all have very bright futures in networking and security.

I hope your enjoyed your time here as much as we enjoyed having you. You brought a great energy to an office full of a bunch of us old-timers! You also renewed my faith in hiring young, talented people who haven't yet learned what's possible and what's not.

I hope you can continue engagements with our company and anytime you need some practical assignments, we're happy to work with you again.

Professor Lee, you are welcome to send interns to our company anytime and you should be very proud of your students.

Best Regards,

B. B.

Founder and Chief Executive Officer

회사의 CEO는 우리가 귀국하기 전, 우리들의 인턴십 성과에 대하여 우리뿐 아니라 인턴십을 주선해주신 고려대 담당 교수님에게도 장문의 이메일을 보내주었다. 한국의 대학생들에 대해 높은 평가를 해주고 싶고, 앞으로 고려대학교와 더욱 긴밀한 협력 관계를 맺고 싶다는 이메일 내용을 보면서 우리는 자부심을 가지고 귀국을 할 수 있었다.

인턴십을 통한 한국과 실리콘밸리의 기업문화 비교   이충인

실리콘밸리 인턴십 이후 한국의 기업문화와 실리콘밸리 기업문화를 비교해보고 싶은 마음에 국내 기업 중 하나인 S 기업에서 2개월 동안 또 다른 인턴십을 수행했다. 미국과 한국 두 나라에서 인턴십을 하면서 두 기업의 차이점을 분명하게 느낄 수 있었다. 비록 미국이나 한국에서 다양하게 인턴십을 수행해본 것이 아니므로 우리가 느낀 것을 일반화할 수 없고, 미국의 기업문화 혹은 한국의 기업문화 중 어떤 문화가 더 좋고 나쁘다 할 수는 없지만, 각각의 장단점은 분명하였다.

실리콘밸리 기업문화는 대표적으로 수평적인 의사소통 구조로 되어 있다. 실리콘밸리 인턴 생활 당시 CEO를 비롯하여 CTO, 사원, 심지어 인턴까지 그 어떤 회사 구성원도 동등한 발언권을 가지고 있고, 서로의 의견에 대해 열린 마음으로 받아들이는 모습이 보였다. 회의할 때 발표자 외에는 말없이 가만히 있는 한국식 분위기를 이해하지 못하고 적극적인 의사소통을 추구하는 문화였다. 그리고 경력보다는 능력 위주의 인재를 가치 있게 평가하기 때문에 비록 인턴이라도 어느 정도의 실적을 보인다면 정직원에 준하는 대우를 해주면서 인정해주었다. 어쩌면 개인주의가 뚜렷한 국가라는 이유인지 개인이 알아서 역량을 펼치도록 하고 최소한의 간섭을 하면서 실적에 따라 개인을 평가했다. 만약 실적이 좋지 않은 직원이 있다면, 회사는 개인에게 간섭도 하지 않고 꾸지람도 하지 않은 채 서서히 관심을 가지지 않는다. 이 때문에, 한국식의 가족같은 분위기와는 대조된다고 할 수 있다. 한국식 기업문화는 미국식 문화와는 달리 수직적인 구조로 되어 있어 의사소통이 제한적일지라도, 사원 간에 정을 가지고 일에 임하면서 실적이 부진한 사람이 있을 경우 담당자나 동료가 알아서 챙겨주고 끌어주는 모습을 볼 수 있었다.

창업에 대한 큰 동기 부여: 창업에 긍정적인 실리콘밸리　　백대현

　실리콘밸리의 기업 문화는 자유롭고 열정이 넘친다. 직원들은 출퇴근 시간에 크게 구애받지 않지만, 그들의 꿈이 확실하며 열정을 가지고 일하고 있다. 회사에는 머리가 새하얀 60대 중반 할아버지도 있으며 우리와 나이가 비슷한 마케팅 분야 직원도 있었다. 그리고 이들은 국적이 다양하다. 미국에 소재한 회사임에도 불구하고 실제 미국 출신은 CEO 한 명뿐이었다. 프랑스, 대만, 필리핀, 일본, 스웨덴, 러시아 등 정말 다양한 나라에서 온 사람들이 서로 문화도 다르고, 경험이 다름에도 불구하고 서로 존중해주며 열정을 나누는 모습에서 글로벌 문화를 배우게 되었다.

실리콘밸리에서는 창업을 아주 긍정적으로 바라보고 있다. 굴지의 대기업에서 촉망받던 사람들도 기술과 아이디어가 있으면 자신의 꿈을 따라 회사를 그만두고 창업을 하는 문화이다. 우리는 세상의 불편함을 기술로 해결하려는, 세상을 기술로 바꿔보려는 사람들과 함께 일하고 많은 대화를 하면서 삶의 자세를 바꾸게 되었다. 지금 안정적으로 보이는 직업, 편하게 지낼 수 있을 것 같은 직업을 찾기보다 내가 하고 싶은, 정말 열정을 가지고 재미있게 이루어 나갈 수 있는 일을 해야 한다는 것을 깨닫게 되었다. 현재가 아닌 10년, 20년 후를 내다볼 것이고, 시키는 일을 하며 편하게 월급 받으며 사는 것보다는 뭔가 이루어보려는 자세로 세상에 영향을 끼치는 일을 하겠다는 커다란 꿈을 꾸게 됐다. 과거 미국이 사람을 달나라에 보내겠다는 꿈을 가지고 모든 역량을 다해 노력한 결과, 불가능하리라 생각되었던 그 꿈을 8년 만에 이루었듯이. 1980년대 스티브 잡스가 한 강연회에서 "언젠가는 책 크기만 한 컴퓨터를 만들 것입니다." 라고 말했을 때 수많은 사람이 비웃었지만, 30년 후 희대의 혁신작 '아이패드'를 만들었듯이. 그들이 어렸을 적 크고 많은 꿈을 꾸었던 것처럼, 우리도 높고 큰 꿈을 꾸고 그 꿈을 이루기 위해 최선의 노력과 열정을 쏟으려 한다. 실리콘밸리 인턴십은 우리에게 창업에 대한 큰 동기를 주었다.

2장 기관방문

Plug & Play Tech Center (창업 보육센터)

Plug & Play라는 창업 지원센터에 방문하였다. 그곳엔 창업 아이템에 대해 세미나를 할 수 있는 강당과 스타트업 기업들이 이용할 수 있는 공간 등이 넓은 규모로 마련돼 있었다. 센터의 한쪽 벽면에는 창업 지원을 하는 삼성, 구글 등 수많은 대기업들의 마크와 국기들이 붙어 있었다. 그리고 다른 쪽 벽면으로는 그곳을 방문한 여러 VC들의 사인들을 볼 수 있었다.

이곳은 "Silicon Valley in a box"라고 불릴 만큼 신생벤처기업들이 금전적으로 지원 받을 수 있고, 더 크게 성장할 수 있도록 공간을 제공하고 있다. 동시에 선택적으로 스타트업들에게 VC들과의 미팅과 인큐베이팅의 기회를 제공하는 IT 창업 보육센터였다.

Plug & Play가 한국의 일반적인 창업 보육센터와 다른 점은 VC 미팅의 기회가 굉장히 많이 주어진다는 것이다. VC들이 어떠한 종류의 아이템에 관심이 있다고 Plug & Play에 연락을 취하면 그와 관련된 다양한 스타트업들을 VC에게 추천하여 미팅의 기회를 갖게 해주는 것이다. 또한 다양한 정부 기관, 협력단과 협약을 맺어 네트워킹에도 많은 도움이 될 것 같았다. 한국의 NIPA와 KISA도 이곳과 협약을 맺고 있었다.

당시엔 네이버와 같은 한국기업들과도 교류가 있었고, 삼성, 현대와 같은 국내 대기업과도 교류 중이었다. 특히 전년도에 40개 정도의 한국 스타트업이 Plug & Play와 연락을 가졌으며, 2개 정도의 스타트업이 공식적으로 선정되어 인큐베이팅 중이었다. 그리고 우리 소프트웨어 융합전공의 1기 학생인 장혁 군이 정부의 글로벌 청년창업사업 현지진출 미국 창업자 프로그램에 선정되어 2014년 9월에 이 센터에 입주하여 창업을 준비 중이다. 해외 창업을 생각하고 있다면 이런 센터를 적극적으로 활용하는 것도 많은 도움이 될 것이라는 생각이 들었다.

실제로 많이 알려져 있는 PayPal, Dropbox가 모두 이곳을 거쳐 갔으며 그만큼 많은 벤처기업들이 이곳에 들어오기를 희망하지만, 이곳에 들어오기 위한 경쟁이 매우 치열하다고 한다. 이곳에서 몇몇 기업들은 이미 성공해서 다른 곳에 새로운 오피스를 얻어 이사를 떠나기도 해서 아직 비어있는 부스가 꽤 있었고, 우리가 미국에서 스타트업을 할 기회가 생긴다면 부스를 마련할 수 있는 기회를 줄 수도 있다고 들었다.(쉽지는 않겠지만!) 여담으로, Plug and Play 건물 내부의 어느 복도 벽면에 다녀간 사람들이 자신의 이름을 남기는 공간이 있는데 그곳에는 유명 인사들의 이름이 빼곡히 적혀 있었다. 2014년 같이 연수를 다녀온 우리 일행 중 누군가는 그곳에 몰래 자신의 이름을 써 놓고 오기도 했다고 한다.

Q&A세션 때 개인적으로 이곳에 들어오기 희망하는 벤처기업들을 어떤 기준들을 갖고 평가하냐는 질문을 했다. 그러자 답변 해주었던 분이 말하기를 이곳은 Tier System제도를 마련하여 신생벤처기업들을 평가하는데, 주로 Technology, Team 그리고 Traction이 평가 요소라고 했다.

먼저, Technology는 말 그래도 기술을 평가하는 항목으로, 기술의 creativity와 profitability를 주로 따져본다고 한다. Team은 협력관계를 보기 위한 항목으로, 구성원이 반드시 2명 또는 2명 이상이어야 하며 그들이 얼마나 효율적으로 일을 해나가는지를 지켜보는 것이 관건이라고 했다. 마지막으로 Traction은 대상 벤처회사가 여태까지 이룬 업적에 대해 평가하고, 그것을 바탕으로 성장가능성을 가늠해보는 주요 항목이다.

이곳을 방문하면서 미국에서의 창업 지원시스템은 상당히 체계적이고, 여러 대기업 혹은 VC들이 아낌없이 투자를 할 수 있는 인프라가 잘 구축되어 있다는 것을 알 수 있었다. 후에 창업을 한다면 미국에서 이러한 인프라를 활용하여 많은 도움을 받을 수 있을 것 같다는 생각을 하게 되었다.

Plug & Play에 입주했거나 거쳐간 유명 벤처들의 리스트가 부착된 벽면

Altos Ventures 벤처 캐피탈

Palo Alto에 위치한 Altos Ventures는 12년 넘게 스타트업 회사들에게 투자를 해왔고, 한국계 미국인이 파트너로 재직하는 만큼 그동안 한미 양국의 기업에 투자를 해온 벤처 캐피탈이었다. 그곳의 한쪽 벽면에는 그들이 투자한 회사들의 로고가 여럿 찍혀 있었다. 거기엔 모바일에서 배달 서비스로 큰 성공을 거두고 있는 '배달의 민족'의 우아한 형제들과 소셜커머스 쿠팡, 온라인 동영상 서비스를 운영하고 있는 판도라TV 등과 같은 잘 알려진 우리나라 기업의 로고도 있었다.

이 벤처캐피탈은 우리를 안내해 준 Han J. Kim을 포함한 세 명의 파트너와 CFO(Chief Finance Officer, 회사의 자금부분 전체를 담당하는 총괄책임자) 한 명, 그리고 비서 한 명으로 꾸려진 매우 소규모 운영체였다.

1. 실리콘밸리의 벤처기업 펀딩 문화

Han J. Kim과의 간담회에서 우리는 실리콘밸리 현지의 벤처기업 펀딩 구조와 프로세스에 대해 먼저 물었다. 미국에서는 벤처기업이 펀딩을 받기 위해서 한국과 마찬가지로 굉장히 여러 기관을 찾아다니면서 구상한 아이템의 사업성에 대해 설득하여야 하는데, 가장 큰 차이점은 그 기관이 대개 대학교라는 점이다. 미국의 대학교는 벤처기업에 투자를 하고 약 10년 후 벤처기업이 성공하여 투자한 금액의 몇 십 배를 다시 돌려받아서 생긴 자금으로 대학 내에서 필요한 금액을 충당한다고 하였다. 그렇기 때문에 어떤 면에서는 미국에서의 펀딩은 한국에 비해서는 굉장히 냉정한 편이라고 하였다

우리의 창업지원의 형태도 무조건 창업을 장려하기보다 창업의 장벽을 넘어서 큰 성공을 거둘 수 있도록 비전을 보여주고 선의의 도전정신을 심어주려 노력한다면 훨씬 효과적이고 발전적이지 않을까? 하는 생각을 해보게 되었다.

2. VC가 보는 벤처기업의 성공 가능성

그 다음으로는, 벤처 투자가들이 어떠한 기준으로 투자할 기업을 선택하는지에 관해 들을 수 있었다. 투자할 회사를 고를 때, 크게 사람과 시장 두 가지를 본다고 하였다. 사람을 판단하는 것은 창업자와 처음 미팅할 때 그 대화

작지만 알차게 운영되는 Altos Ventures의
아담한 회사 내부 모습

의 태도를 보고 대부분 이루어진다고 했다. 우선 서로 한 주제를 두고 이야기를 하였을 때 이야기하는 시간이 20분을 초과하는지 그에 미달하는지를 유의해서 지켜본다고 했다. 이를 맞추지 못한 사람은 대화에 있어서 문제가 있을 것이고, 이러한 부분은 투자가들로부터 신용을 저하시킬 수 있기 때문에 창업자를 희망한다면 고치는 것이 좋다고 조언을 받았다. 그리고 대화 중 의논되는 문제들을 어떻게 해결하는지의 능력도 본다고 하였다. 벤처기업은 특히나 그 환경적인 취약함 때문에 예상할 수 없는 여러 문제에 부딪히곤 하는데 투자가들은 문제를 극복할 수 있는 능력이 있는 사람이 곧 기업을 성공시키기 때문에 문제 해결 능력을 아주 중요하게 본다고 했다.

그 다음으로 시장을 본다는 것은 현재 해당 아이템에 대한 경쟁 회사의 유무와 예상 고객의 규모 등을 파악해서 시장이 충분히 활성화되어 있는 지를 가늠해보는 것이라고 했다. 시장이 커야만 벤처기업이 크게 성공할 가능성도 그만큼 커지는 것이므로 시장을 고려한다는 것 역시 매우 중요했다. 일례로 '배달의 민족'의 창업자는 사업의 특성상 가장 중요한 요소이기도 하지만, 벤처 캐피털을 찾기 이전에 무엇보다 시장을 조사하는데 많은 시간과 노력을 기울였다고 한다. 그 덕분에 투자자를 설득하는 것이 그리 힘들지 않았다며 시장조사의 중요성을 각인시켜주었다.

3. VC가 말하는 벤처기업 성공조건

Han J. Kim은 창업하기 위해서 창업자 혹은 개발자로서 가져야 할 마음가짐과 혹은 고쳐야 할 점들에 대해 여러 가지 조언을 아끼지 않았다. 한국의 개발자들을 많이 만나본 결과, 표현력이 많이 부족하여 투자가들에게 자신의 아이템을 설득력 있게 설명하지 못하는 문제점을 느꼈다고 했다. 그러므로 이에 관련된 연습과 노력을 해줄 것을 당부했다. 실제로, 학교 프로젝트를 하면서 같은 팀원 간 대화나 혹은 발표 때마다 상대방이 내 의견을 쉽게 이해하지 못하는 경우가 많았기 때문에 매우 와 닿는 조언이었다.

또한, 가장 인상 깊었던 것은 투자자들은 스타트업에서 기업의 금융적 안정성과 아이디어도 중요하지만, 결국에는 '사람'을 가장 중요하게 본다는 것이었다. '아이디어' 자체만으로는 의미가 없고, 아이디어를 끝까지 구현해내고 주변의 리소스를 융합할 줄 아는 '실행력'이 있는 사람, co-work에 대한 거부감이 없는 사람과 파트너십을 맺는다는 점을 중시한다는 것이었다.

결론적으로, 우리는 Altos Ventures에서 평소처럼 창업자 입장에서의 벤처기업이 아닌, 새로운 관점에서의 벤처기업에 대해 그리고 개발자들이 개선해 나가야 할 문제점들에 대해 알 수 있었다. 이는 우리가 미래에 창업을 할 경우 투자를 받을 때에 보다 유리하게 투자를 받을 수 있는 값진 조언들이었다고 생각한다.

Proof 벤처 캐피탈

Proof라는 벤처 캐피탈 회사를 방문하였는데, 이곳의 CEO Taylor Hwang은 세계적인 컨설팅펌인 Accenture와 Booz Allen 출신의 컨설턴트로 활약하다가 닷컴버블(Dot-com bubble) 때 우연치 않은 기회로 인터넷 관련 프로젝트를 맡아 IT 산업에 종사하게 됐다고 한다. 그는 다른 기업과 달리 회사소개를 굉장히 간단히 하였고, 주로 우리가 궁금했던 점에 대해 질의응답을 하는 방식으로 투어를 진행했다.

먼저 기본적인 Fund를 Raise하는 방법, 과정 등에 대한 얘기를 해주었다. 한국과 미국의 Fund Raise 방법이 물론 다를 수는 있겠지만, 기본적으로 탄탄한 실력의 팀원들과 매력적인 아이디어가 밑바탕이 돼야 한다는 것은 공통적이라는 것을 알 수 있었다.

　일행 중 어느 학우가, 이번 연수에 참여한 많은 학생들이 나중에 실리콘밸리에서 창업하기도 원하고 취업하기도 희망하는데 이곳에서 일하게 된다면 해주고 싶은 조언이 무언지 물었다. 그러자 그는 우선 한국기업가들은 대체적으로 결정을 빨리 내리지 않고, 오랫동안 생각한 후 결정을 내리는 경향이 있는데 경쟁이 매우 치열하고 변화가 빠른 실리콘밸리에서 그게 하나의 핸디캡이 될 수 있다고 했다.

　또한 미국에서 벤처를 운영하면서 어려웠던 것들이 무엇이 있었냐는 질문과 Start-up 기업들이 어떻게 투자를 유치할 수 있는지에 대해서는, 항상 좋은 관계(Human Relationship)를 유지하며 Human Network를 구축하는 것이 매우 중요하다고 했다. 그러나 그것은 참 쉽지 않은 일이라고 했다.

이해를 돕기 위해 한국인과 중국인의 차이점을 한 가지의 예로 들어주었다. 한국인들은 대체적으로 뛰어난 능력(영어실력 포함하여)을 가지고 있음에도 불구하고 낯선 사람에게 다가가기를 두려워하고, 무엇보다 자신이 말실수를 할까봐 걱정부터 하기 때문에 의사소통이 원활하지 않은 것이 매우 아쉽다는 것이다. 그와 반대로 중국인들은 다소 무례한 면이 있긴 해도 한국인만큼 영어를 잘 하지는 못하면서도 말하는 것을 두려워하지 않고 항상 적극적으로 인간관계를 형성하려고 노력하는 편이라고 했다.

한국인과 중국인의 차이에서 보이는 것처럼 쉬운 과정은 아니지만, 낯선 사람에게 다가가는데 있어서 그 사람에 대한 특징을 잘 파악하고 그 상황에 맞춰서 대화를 이끌어 나갈 수만 있다면 좋은 관계를 쌓을 수 있다고 조언했다. 특히나 인간관계가 더더욱 중요한 실리콘밸리에서 이러한 능력이 매우 중요하다고 그는 강조했다.

한국의 문화의 특징인 모르는 사람에게는 말을 걸지 않는 것이 Networking을 상당히 방해하는 요소로 작용하고 있다는 것을 여실히 느낄 수 있었던 시간이었다. 창업을 하게 된다면 사업가로서 이방인(Stranger)을 만나는 것에 두려움을 갖거나 주저하지 말아야겠다고 생각했다.

컴퓨터 역사 박물관

신선한 충격

김 경 미

실리콘밸리에 위치한 컴퓨터역사박물관은 1979년에 개관한 세계 최대의 컴퓨터 박물관으로, 애플 II의 소스코드를 비롯한 희귀한 자료들이 가득한 곳이다. 대부분의 연수 인원이 컴퓨터 관련 전공인 만큼 우리들과 잘 어울리는 장소이지만, 사실 평소에 이런 컴퓨터 박물관 계열에 관심이 없던 터라 크게 기대는 하지 않았었다. 하지만 이곳은 그런 무심함을 부수고 좋은 의미의 충격을 주었다.

겉으로 보는 박물관은 현대식으로 깔끔한 건물이었다. 컴퓨터 박물관이라는 것 외에는 아무런 사전 지식 없이 방문했기 때문에 의외로 큰 규모에 놀라면서 내부로 들어갔다. 내부도 밝고 넓게 트여있었다. 그 안에서 1층에 있는 전시실에 단체로 다 함께 입장하기 위해 약간의 시간을 지체하고 나서 잠시 박물관과 컴퓨터에 관한 영상을 시청할 수 있었는데 너무 길지 않고 적당한 길이의 상영물로 전시관에 대한 흥미를 높여주는 역할을 해 주었던 것 같다.

영상을 본 후, 두근대는 마음으로 전시관에 입장했다. 전시관 내부에서는 개별로 본인이 원하는 것에 좀 더 관심을 두며 관람할 수 있는 시간을 주었다. 전시의 순서는 시대순으로 맞춰져 있어서 제일 처음 우리를 맞이한 것은 계산기보다도 더 이전시대의 물건인 주판이었다. 주판에서부터 시작하여 점차 눈에 친숙한 계산기와 같은 형태가 되고, 획기적인 계산 장치였던 천공카드를 지나 그 형태가 끊임없이 발전해 나가는 모습을 통해 조금 더 빠르게, 조금 더 정확하게 계산을 하려 했던 인간의 의지가 엿보였다. 그와 함께 지금의 컴퓨터가 하늘에서 뚝 떨어진 것이 아닌, 굉장히 옛날부터 계속 발전해 나간 결과물이라는 것을 알 수 있었다. 길다고 하면 길고 짧다고 하면 짧다 할 수 있는 발전의 단계를 거쳐 드디어 여러 곳에서 들어 이름이 친숙한, 하지만 모습은 여전히 어색한 진공관을 사용하는 초창기 컴퓨터의 시대에 도달했을 때 아직 현재의 컴퓨터의 모습은 찾아볼 수 없었지만 더없이 반가운 기분이 들었다.

학교에 입학한 직후에 짧게 배운 것 외에는 수업에서 더 이상 거의 나오지 않았고, 잠시 언급되었다 하더라도 중요하게 다뤄지지 않았던 초기의 컴퓨터들에 대한 설명을 보고, 그 옛날 주판에서 여기까지 발전해 온 것에 감탄

에 마지않으며 차근차근 전시물을 관람했다. 한참 그러고 나서야 잠시 쉴 수 있는 곳이 등장했다. '컴퓨터'라는 근·현대의 물건만 다루는 박물관임에도 불구하고 전시관만 해도 상당한 규모를 자랑했기 때문에 가볍게 쉴 수 있는 공간은 꼭 필요해보였다. 그 지점을 기점으로 거대했던 컴퓨터들이 점차 소형화, 개인화되어 가는 것을 볼 수 있었다. 용도도 군사용, 연구용에서 사무용, 개인용으로 변화해갔다. 그 부근부터 무어의 법칙이나 race condition 과 같은 수업 시간에 종종 언급 된 친숙한 개념들이 등장했다. 그와 함께 이전에 Intel 을 견학했을 때 그곳의 전시관에서 봤던, 과거에 이어 현대의 컴퓨터에 쓰이는 마이크로프로세서의 역사를 다시 만나게 되었다. 그런데 다음 단계로 네트워크나 로봇, 웨어러블 디바이스, 게임과 같은 현대적인 전시를 관람하려는 순간, 일정상 시간이 부족해 다른 곳으로 이동할 수밖에 없었다.

컴퓨터의 역사나 컴퓨터 박물관이라고 하면 무의식적으로 떠올리게 되는 딱딱함이나 어려움이 없지는 않았지만, 개념 설명이나 컴퓨터에 대한 부가적인 설명들이 전시되어 있는 물품 아래쪽에 구체적으로 적혀있었기 때문에 비전공자여도 부담 없이 볼 수 있도록 배려한 점이 좋았다. 실리콘밸리에서 기업들 견학이나 VC들을 만나볼 때도 느꼈지만, 실리콘밸리는 컴퓨터 과학을 전공하는 사람에게도 더없이 좋은 곳이었다. 또한, 단순히 관심만 있고 접근할 방법을 모르는 사람에게도 좋은 곳이라는 느낌을 받았다.

컴퓨터 과학을 배우는 학생으로서 컴퓨터의 역사는 우리가 배우는 모든 것의 기초라고 할 수 있다. 그 기초를 직접 눈으로 볼 수 있고, 그와 더불어 점차 발전해 나가는 모습을 볼 수 있던 컴퓨터박물관은 단순한 박물관이 아니라 좋은 배움의 장이었다. 분명 우리가 직접 초창기의 컴퓨터를 사용할 일

은 없겠지만, 지금의 노트북이나 아이패드를 비롯한 컴퓨터들이 만들어지기까지 어떤 과정을 거쳐 왔고, 그것이 얼마나 빠르게 발전해 왔는지를 알 수 있기 때문에 앞으로의 발전 속도를 유추해 보는 것으로 아쉬움을 달래 보았다.

언젠가 다시 그곳에 가게 되거나 혹은 다음 기수 학생들이 그곳에 다시 가게 된다면 그때는 관람을 하면서 과거를 보는 것뿐만 아니라 미래의 발전 방향까지 예측을 해 볼 수 있도록 여유롭고 꼼꼼하게 모두 돌아볼 수 있는 기회가 주어지면 좋을 것이라 생각한다.

3장 대학탐방

Stanford University

칼레의 시민 정신을 새기다   홍 수 민

캘리포니아의 실리콘밸리의 중심부에서 샌프랜시스코와 산호세 사이에 위치하는 스탠포드대학교는 세계적인 연구중심 사립대학 중 하나이며 실리콘밸리와도 밀접한 관련이 있다.

실리콘밸리의 산실

1939년, Frederick Terman와 스탠포드대학교의 동문인 David Packard, William Hewlett은 Palo Alto 차고에 작은 전자공학 회사를 설립하였다. 그 차고에서 실리콘밸리의 탄생이 시작되었다고 한다.

인터넷은 스탠포드대학교가 역사의 중심이다. 웹상에서 가장 인기 있는 검색엔진이며, 세계의 가장 영향력 있는 기업들 중 하나인 Google의 탄생은 Larry Page와 Sergey Brin이 1990년 대에 스탠포드대학교의 대학원에 재학 중일 때, page rank algorithm을 개발하면서 시작되었다. Google 설립 전에는 스탠포드대학교의 동문인 Jerry Yang과 David Filo가 Yahoo를 설립하였다.

BASES

BASES는 Business Association of Stanford Entrepreneurial Students의 약자로, 스탠포드대학교에서 학생들의 기업설립을 지원하는 동아리의 이름이다. BASES는 1996년에 다섯 명의 스탠포드대학교 학생들에 의해 설립되었다. 학생들이 운영하는 가장 잘 정착하고 조직화된 entrepreneurship organization

중 하나로써, BASES는 다음 세대의 기업가들을 교육시키고 격려하기 위하여 스탠포드대학교에서 entrepreneurship 교육 프로그램을 추진하고 있다. BASES는 혁신, 학계와 산업의 결합을 위하여 뛰어난 학생들, 유명한 교수들과 투자자들과 함께 하고 있다. BASES에서 진행하는 프로그램에는 BASES Challenge, Entrepreneurial Thought Leaders' Seminar, SVI Hackspace, Freshman Battalion이 있다.

E-Bootcamp

E-Bootcamp는 똑똑하고 독창적인 학생 기업가들을 위하여 매년 스탠포드대학교에서 개최되는 국제적인 컨퍼런스이다. 컨퍼런스의 목적은 더 나은 기업가가 되기 위해 필요한 스킬들을 알려주고 실리콘밸리 내부의 정보를 제공함으로써 참가자들을 교육시키고, 다른 참가자들과 멘토들이 함께 지속적인 관계를 형성할 수 있게 연결시켜주는 것이다.

The Burghers of Calais

교정 안에서 로뎅의 작품인 '칼레의 시민'을 발견할 수 있었다. 칼레의 시민은 영국과 프랑스의 백년전쟁(1337~1413)동안 일어났던 일을 소재로 한 것이다. 1346년, 에드워드 국왕이 지휘하는 영국군은 프랑스 군을 대파하고 진격을 계속하여 1347년 9월에 전략요충지인 칼레 성을 포위하였다. 에드워드

로뎅의 '칼레의 시민' –
노블레스 오블리제 실천에 대한 무언의 가르침

설립자 Jane & Leland Stanford 부부를
기리는 Stanford Memorial Church

왕은 칼레 성을 포위한 채 칼레시민들이 항복하기를 기다렸다. 용감하게 항전하던 칼레시민들은 11개월 만에 영국 왕에게 항복하겠다는 사절을 보냈다. 항복을 통고하러 간 사절은 그대신 시민들의 안전을 보장해 줄 것을 요구하였다. 에드워드 국왕은 시민의 안전은 보장해 주겠으나 그 대신 시민을 대표할 사람을 6명만 뽑아서 보내주면 그들을 시민들을 대표해서 처형하고 다른 시민들의 생명은 보장해 주겠다고 하였다. 칼레시민들은 영국 왕이 요구하는 6명을 어떻게 선정할 것인지를 놓고 고민에 빠졌다. 그때 부유층의 한 사람인 피에르가 자진해서 나섰고 그 뒤를 이어서 고위관료, 성직자 등이 나서서 6명이 영국 왕의 요구대로 목에 밧줄을 걸고 성 밖으로 나갔다. 이 모습을 본 영국의 왕비는 임신 중으로 태중의 아이들을 위해서 저들을 처형하지 말라고 간청하였고, 영국 왕이 왕비의 말에 따라 6명을 살려주었다.

스탠포드대학교 대학에 로뎅의 '칼레의 시민' 조각상을 세운 이유는 앞으로 미래의 지도자가 될 스탠포드대학교 학생들에게 그런 노블레스 오블리제를 실천하는 사람이 되라고 하는 무언의 가르침을 주기 위해서일 것이다.

Stanford Memorial Church

스탠포드 메모리얼 교회는 캠퍼스의 중앙에 위치하고 있으며 대학 내 건축물의 보석과 같은 존재로 Jane Stanford가 그녀의 남편 Leland를 기리기 위해 교회를 건설한 것이다. 또한, Senator와 Mrs.Stanford가 그들의 아들인

Leland. Jr를 기념하기 위해 대학을 건설하였다고 한다. 그녀는 교회에 상당한 애착을 가지고 있었으며 다음과 같은 말을 남겼다.

> While my whole heart is in the university, my soul is in that church.
> 내 온 마음이 대학에 있는 동안, 내 영혼은 그 교회에 있습니다.
>
> − Jane Lathrop Stanford −

아래 사진에서 볼 수 있듯이, 교회의 내부의 모든 창문들이 스테인드글라스로 장식되어 있다. 또한, 바닥부터 천장까지 아래와 같은 그림들로 벽과 내부의 기둥들을 장식해 놓았다.

스테인드 글라스와 벽화로 가득찬 Standford Memorial Church의 내부 모습

4장 실리콘밸리 근교의 문화체험

Monterey

짠 초콜릿을 먹고 싶거든… 이미지 마케팅의 키워드　　심 소 영

　몬테레이는 산요세 남단에 위치한 관광계획 도시다. 몬테레이로 향하는 버스에서 본 미국의 첫 인상은 광활함이었다. 말 그대로의 실리콘 밸리 (Valley), 거대한 산줄기와 끝없는 평원. 넓은 가슴을 지닌다는 것이 무엇인지 느끼게 해주는 풍광이었다.

　몬테레이에 도착해서 Fisher's Wharf라는 요트가 즐비한 조그마한 항구를 들렀다. 정박해 있는 요트들을 바라보며 나만의 럭셔리 요트를 가지고 싶다는 어릴 적 꿈이 다시금 불러일으켜져 열심히 살아야겠다는 생각을 하기도 했다. 몬테레이에서 '엉엉'하는 울음소리가 들리는 곳으로 향했다. 그곳에는 물개들이 서로 태양빛을 받을 수 있는 좋은 자리를 차지하기 위해 자리 경쟁

Monterey의 거리 모습 – 짠맛의 초콜릿 가게 등

을 하고 있었다. 물개를 가까운 곳에서 볼 수 있을 만큼 자연 그대로가 잘 지켜져 있는 것에 감탄했다.

몬테레이의 초콜릿은 매우 짜다. 몬테레이의 소금물로 만들어 그 짠 맛이 개성인 초콜릿은 관광객들에게 인기 있는 기념품이다. 무엇이든 그것 하면 딱 떠오르는 이미지를 만드는 것이 마케팅의 기본 원칙이자 사업에 있어서 정말 중요한 부분이라는 것을 그 달콤 짭조름한 기념품에서 발견할 수 있었다. 그리고 Lover's Point라는 해안도로를 따라 걸으며 Bay Area의 자연을 느껴보았다. 역시나 땅이 넓은 미국은 한국과 비교해서 자연보존이 더 훌륭하게 잘 되어 있었다. 모든 집들이 자연을 훼손하지 않기 위한 노력으로 지어졌다고도 하니 과연 그럴 듯 했다. 거기에서 자연과 공존하려는 몬테레이의 문화를 느낄 수 있었다. 몬테레이 항구의 맑은 바닷물은 진정 사람이 자연과 함께하는 것이 무엇인지 알려주었다. 그런 Bay Area의 사람들의 마음가짐이 참 건강해 보였다. 그러한 건강한 정신과 푸르른 환경이 좋은 아이디어의 기반이 될 수 있겠다고 생각했다.

Lover's Point에 놓여있는 수많은 벤치들은 국가나 주에서 제공한 것이 아니고, 개개인의 기부에 의해 배치된 것이라고 한다. 사진 속의 벤치는 개인이 자신의 아버지의 이름을 새겨 기부한 것이라고 들었다. 그렇게 자기에게 특별한 사람을 기념하면서 동시에 그 마을의 사람들에게 도움을 줄 수 있다는 것은 참 배울 만한 문화라는 생각이 들었다. 동시에 이런 기부문화를 더욱 시스템화 및 활성화시킬 소프트웨어제품으로는 어떤 것이 있을까 하는 생각을 해보기도 했다.

그리고 몬테레이뿐만 아니라 카멜비치 그리고 샌프란시스코를 돌면서 사람, 자연, 애완, 예술 등과의 공존 문화에 대해 많은 것을 배우고 느낄 수 있었다.

Lover's Point에 있는 기부벤치

Carmel

개에게 호의적인 도시

백준기, 정기정

　카멜은 캘리포니아의 Monterey County에 있는 해안가의 작은 도시이다. 그 곳 Bay Area에서도 부유한 백인 계층이 모여 만든 관광 계획도시로 원래 이름은 Carmel-by-the-sea이지만 보통 Carmel이라고들 부른다. 바닷가 옆에 큰 언덕 지형을 끼고 발달한 이 도시는 도시의 아름다운 경치와 함께 예술인들의 고장으로도 유명하다. 그래서 그런지 유명 시인들과 배우들이 시장을 역임하기도 했다. 그중에서 가장 유명한 사람을 꼽자면 영화배우이자 감독인 클린트 이스트우드(Clint Eastwood)이다.

　연수생들이 그곳에서 처음 내린 거리는 도시의 한 복판을 가로지르는 오션 어베뉴(Ocean Avenue)였다. 카멜의 가장 중심가이며 양 옆으로 아름다운 집,

124　주커버그를 꿈꾸며 실리콘밸리로 가다

상점, 갤러리들이 펼쳐져 있었다. 사전에 넉넉하게 식사를 하고 난 이후여서 여유를 가지고 주변을 산책하며 경관을 즐길 수 있었다. 이 도시의 특징 중 하나가 개에 대해 매우 호의적이라는 것이다. 그래서 거의 모든 호텔, 식당, 상점 등이 모두 개를 데리고 출입하는 것을 허용한다.

일정상 시간이 제한되어 있기 때문에 그곳의 멋진 곳을 놓칠까 봐 가장 멀리 있는 해변부터 들른 후에 돌아오는 길에 다른 곳도 천천히 구경하기로 했다. 해변가로 가는 길부터 많은 가족 단위의 여행객들과 역시 그들을 동반한 많은 개들이 보였다. 해변 구경을 마친 후에 돌아오면서 본격적으로 카멜 탐방을 시작하였다.

거리에는 많은 상점들과 갤러리, 카페가 있었다. 여기서 눈여겨 볼 점은 프랜차이즈 가게가 없다는 점이다. 스타벅스, 맥도날드, KFC 등 유명 프랜차이즈조차 들어오지 못한 걸 보면 이 도시가 가지는 자부심이 어느 정도인지 느낄 수 있었다. 가게마다 길 쪽으로 난 창을 통해 작품들과 물건들을 구경하면서 여유를 즐길 수 있었다. 아기자기한 소품들부터 난해한 예술 작품까지 다양한 스펙트럼의 갤러리들이 존재했다. 소품들은 카메라에, 예술작품은 머릿속에 간직했다.

가게 앞을 지나다 보면 종종 사진과 같은 물이 담긴 그릇들을 볼 수 있다. 그것은 가게 밖에서 주인을 기다리고 있는 개들을 위한 물그릇이었다. 어느

개들을 위한 물그릇

곳이나 개들의 출입이 허용되어 있다고는 하지만, 우리나라와 다르게 애완견들이 대부분 대형견이기 때문에 가게에 데리고 들어가기엔 무리가 있기 때문인 것으로 보였다.

이 도시의 또 하나의 큰 특징을 꼽자면 번지수가 없다는 점이라고 한다. 그럼에도 불구하고, 잘 정리된 간판들과 도처에 배치되어 있는 지도들을 통하여 어렵지 않게 목적지를 찾아갈 수 있었다. 카멜 이외에도 몬테레이와 샌프란시스코를 둘러보면서 아름다운 환경들과 더불어 겨울에도 이곳에서는 많은 사람들이 조깅을 하며 돌아다닐 만큼 참 날씨가 좋다는 것이 부러웠다.

Tech Shop & Hacker Dojo

Come and build your dreams! 심소영

　숙소의 근방에 Tech Shop이라는 특별한 장소가 있었다. 그곳은 누구든지 자유롭게 자신이 상상하던 것을 직접 만들 수 있는 창의적인 공간으로 툴과 소프트웨어를 제공해주고 아이디어를 나눌 수 있는 열린 공간(open space)으로 멤버쉽에 가입하기만 하면 누구나 이용할 수 있는 곳이었다.

　Tech Shop엔 늦은 밤인데도 불구하고 각자 자신의 상품을 만들고자 많은 사람들이 찾아왔다. 무료로 쓸 수 있는 공간과 장비들이 즐비했고, 고가의 기계들이 구비되어 있어 정밀 작업이 필요한 물건을 만들고자 하는 사람들에게는 더없는 최적의 장소인 것 같았다. 어떤 날에는 거기서 헬멧을 만드는 사람을 보기도 하고, 어떤 날에는 두 남자가 두꺼운 나무 판자를 프로그램을 이용하여 원형으로 자르는 모습을 보기도 했다. 비록 직접 들어가 보지는 못했지만, 유리창 너머의 열정 가득한 창작자들의 모습과 구비된 설비들로 참으로 다양한 창작물들이 만들어지는 것을 지켜보면서 실리콘밸리가 얼마나 많은 상상들을 지원하고 있는지에 대해서 감탄할 수밖에 없었다. 한 청년이 자신이 만든 헬멧을 보여주고 환하게 웃으며 자랑하던 모습을 잊을 수가 없다. 같은 관심분야를 가진 사람들과 교류할 수 있는 상상을 지원하는 이런 오픈 공간들이 실리콘밸리의 창의적인 수준을 한층 더 높이 끌어올리는 다른 비결이 아닐까?

Tech shop 말고도 그 비슷한 열린 공간인 "Hacker Dojo"라는 장소도 실리콘밸리안에 있다. Tech Shop이 무언가를 만들고 싶은 사람들이 모이는 곳이라면 Hacekr Dojo는 이름 그대로 해커들을 위한 공간이다. 현재 이곳은 단순히 해커들뿐만 아니라 컴퓨터에 종사하는 사람들이나 창업자들, 프로그래머들이 모여 작업을 하는 장소로 그 의도가 확장되었다. 이곳 또한 무료 공간이며 365일 누구나 이용이 가능하다. 때문에 누구든 쉽게 접근해서 많은 사람들을 만날 수 있다. 그곳은 본래 공장이었던 곳을 개조해 만든 곳으로 어떤 공간은 사람들과 만나고 이야기 하는 커뮤니케이션의 공간이라면 다른 공간은 조용히 개발 혹은 프로그래밍을 하는 공간으로 나누어져 있다고 한다. 이러한 자유롭고 진취적인 문화를 같이 느끼고 싶었지만, 아쉽게도 기회가 닿지 않아 방문을 하지는 못하였다. 하지만 진정 중요한 것은 실리콘밸리에는 이렇게 열린 공간과 이를 이용하는 사람들이 많고, 그 안에서 인맥이 형성되기도 하기 때문에 더욱 기업의 성공률이 높아진다는 것이다.

주커버그를 꿈꾸며 실리콘밸리로 가다

제 3 부

실리콘밸리 단기연수는 나에게
어떤 변화를 주었나?

　　연수생들 중 창업을 꼭 해야 한다고 느끼고 있지 않던 학생들에게는 약간 어안이 벙벙한 강연들이었을지도 모른다. 하지만 확실한 것은, 그 결과가 꼭 창업이 아니더라도 그런 강연과 연수를 통해 학생들 스스로가 무엇을 원하고, 모두 어떤 과정을 거쳐서 어떤 곳까지 다다르고자 하는지 그 길과 목표를 나름대로 찾아야겠다고 깨닫게 된 것이 중요하다 하겠다. 아직 사회를 접하지 못한 학생들에게 창업만큼이나 취업도 오르기 두려운, 높은 나무에 걸려있는 탐스러운 과일과도 같기 때문이다.

　　자, 연수생들이 스스로 느끼로 배운점과 각오를 들어보자.

실리콘밸리가 나에게 준 변화

실리콘밸리 창업지원 연수는 정말 이름 그대로 창업을 지원하는 연수였다. 이론적인 교육이 아니다. 즉, 창업이 이루어지고, 경쟁하고, 성공하고, 실패하는 생생한 현장에서 보고 듣고 배운 것이다.

연수기간동안 진짜 창업을 위해서 우리가 가지고 있어야 하는 가장 기본적인 요소들과 가장 이상적인 팀을 구성하기 위해서 거쳐야할 과정, VC(Venture capitalist, 벤처 투자자)혹은 개인 투자자(AngelList)에게 돈을 지원 받기 위한 팁 등을 골고루 배울 수 있었다. 당장이라도 창업을 하기 위한 모든 준비과정을 배웠다고 해도 과언이 아니었다.

확신할 수 있는 것은 이번 연수를 통해 학생들(나를 포함하여)의 눈빛이 달라졌다는 것이다. 그들이 최종적으로 진짜 창업을 하게 될지, 아니면 또 다른 길을 선택하게 될지는 알 수 없다. 하지만 우리의 눈빛은 빛나고 있었고, 더 이상 연수를 떠나기 전의 방황하던 어린 청춘의 눈빛이 아니었다.

감동과 신뢰가 흐르는 일터를 꿈꾸다

백문(百聞)이 불여일견(不如一見)이라고 했다. 실리콘밸리에 소재한 소위 IT 기업들이 한국의 상황과 비교했을 때 더 자유롭고 유연한 업무문화를 가졌다는 말은 익히 들어 알고 있었지만, 그것을 실제 체감하지는 못했던 게 사실이다. 그런데 이번 탐방을 통해 여러 기업들을 견학하면서 그들의 개방적이고 창의적인 기업 문화를 잠시나마 몸소 느껴볼 수 있었다.

Google과 OOYALA, Dropbox 등의 근무환경은 굉장히 자유로웠다. 뻥 뚫려있는 사무실과 개방적인 휴식 공간 그리고 다양하고 세심하게 제공되는 복지혜택 등은 개발자에게 근무효율을 극대화하는 데 충분해 보였다. 특히 개인의 시간과 공간을 존중해 주는 것이 직원들이 더욱 행복한 근무를 할 수 있도록 돕는 길이라는 얘기가 인상적이었다. 직원들에게 감동을 주는 곳, 직원들의 상상력을 믿는 곳, 직원들과의 신뢰관계가 분명한 곳, 때문에 많은 인재들이 자연스럽게 모여서 더욱 최고가 되는 곳. 그런 환경을 추구하는 실리콘밸리 기업문화에 대해 우리 모두 감탄하지 않을 수 없었다. 이러한 멋진 직장에 취직하거나 이보다 더 멋진 회사를 만들고 싶은 마음이 드는 것은 소프트웨어 업계 사람으로서는 어쩌면 당연한 바람일 것이다.

벤처캐피털 - 투자유치 중요성 인식

이번 연수에서는 스타트업을 지원하는 벤처캐피털 몇몇을 방문하게 되면서 IT 기업만 방문하는 것보다 훨씬 더 넓은 시야를 가질 수 있게 되었다. 실제로 벤처캐피털들이 어떻게 자금을 모아서 투자를 하는지, 어떤 것들을 기준으로 투자할 회사를 결정하는지, 우리가 실제로 창업을 하는 경우에 어떻게 벤처캐피털을 설득해서 투자를 받아낼 수 있을 것인지 등을 공부할 수 있었다. 그리고 상대적으로 큰돈을 가진 벤처캐피털들이 무엇을 중시하고 어떻게 움직이는지를 배우면서 무조건 투자를 받으려고 노력하기보다는 창업자가 따져보고, 유의해야 할 점도 알게 되었던 시간이었다. 그 외에 벤처캐피털에서 우리가 배운 중요한 학습내용들은 부록에 별도로 정리하였다.

인적 자원과 네트워킹의 중요성 인식 채 권 수

실리콘밸리에는 많은 기업가, 기술자, 자본가들이 모여 있다. 새로운 성공을 꿈꾸거나 일 자체를 즐기며 스타트업을 꾸려나가는 젊은이들과 세계적인 수준의 대학교에서 배출해내는 수많은 기술자들, 거대한 자금력을 가진 자본가들이 멀지 않은 곳에 모여 있기 때문에 기업이 만들어지고 사라지는 과정도 역동적으로 일어난다.

하지만 필요한 사람들이 주변에 있다고 해서 꼭 그들과 함께 일하고 도움을 받을 수 있는 것은 아니다. 이번 견학에서 배운 중요한 교훈 중 하나가 인적 네트워킹의 중요성이다. 다양한 분야의 사람들이 모여 있는 이점을 잘 활용할 줄 아는 능력이야말로 무엇보다도 중요한 것이다. 모든 것이 결국에는 사람들이 모여서 해나가는 것들이기 때문이다.

많은 한국인들이 인적 네트워킹을 구성하는 능력이 떨어진다고 한다. 모르는 사람에게도 먼저 다가가서 자신을 알릴 수 있는 능력을 키워야한다. 그것이 아름답게 보이지만 실제로는 정글과도 같은 실리콘밸리에서 살아남기 위한 필수 과제다.

창업아이템보다 팀의 구성 중요성 인식 　　　　　정 소 현

수많은 VC들의 강연을 통하여 얻을 수 있었던 키워드 중 가장 기억에 남는 것은 "사람"이다. VC들은 사람을 중요하게 생각하며 사람을 볼 때는 지인으로부터의 평판을 먼저 듣는다고 한다. 그리고 조언을 잘 듣고 자기의견을 정확하게 제시할 수 있는가, 문제를 얼마나 잘 이해하는가를 판단하면서도 팀워크가 어떤지를 살펴본다고 한다. 또 많은 투자자들은 사업의 성공 가능성을 팀에서 본다고 했다. 그 팀에 가장 알맞은 사람이 가장 알맞은 자리에서 일을 하고 있는가, 그들의 인맥이 그들의 창업에 큰 힘이 될 만한 사람들인가를 따져 투자 가치를 결정하는 게 다반사이다.

어쩌면 창업 아이템보다도 더욱 효력이 있는 것이 팀의 구성이라고까지 말할 정도이니 팀이 얼마나 중요한지 알만하다. 참 신기하게도 성공했던 사업가들의 이야기를 들어보면 그들은 자신의 팀에 대한 신뢰가 유독 강했으며, 그렇기 때문에 항상 좋은 사람들이 주위에 있었던 것 같다. 이는 단순히 작은 창업 팀만을 일컫는 것이 아니다.

Apple에 종사하고 있는 선배 역시 본사의 큰 원동력은 사람이라고 했다. 그 수천 명의 직원 중 한 사람을 뽑을 때에도 신중하게 채택하여 가장 능력 있는 사람들이 가장 알맞은 자리에서 일을 할 수 있도록 엄청난 시간을 들이기 때문에 Apple이 성장할 수 있는 것이다. 이는 작은 소수 팀에서부터 큰 회사가 되어서도 가장 최적의 사람을 가장 최적의 자리에 두어 모든 일이 잘 풀리도록 하는 것이 얼마나 중요한지를 말하고 있다. 많은 사람을 만나고 소중한 인연을 쌓아 그 안에서 가장 알맞은 사람을 찾는 것은 성공의 열쇠와도 같다.

많은 기업들을 방문하면서 느꼈던 것은 직원이 곧 회사라는 것이다. 그곳의 직원들을 한 명 한 명 다 만나보지는 못했지만, 적어도 내가 만나본 사람들은 회사를 자신과도 같이 생각하는 것이 분명해 보였다. 회사의 발전은 자신의 발전이며 회사에서 일을 하는 것은 자신이 원하기 때문에 하는 것이라는 의지가 강했다. 내가 만났던 직원들은 그 누구도 그 회사에서 일을 하는 것에 불만을 가지고 있지 않았고, 자신이 원하면 언제든지 나갈 수 있지만 지금이 즐겁다고 느끼는 사람들뿐이었다.

그들은 자신이 하는 일이 반드시 회사에 도움이 되고 있음을 자신하였고, 회사 또한 그들이 그렇게 느낄만한 심리적, 물질적 보상을 꾸준히 해온 터이다. Flow State Media처럼 정말로 일이 재미있어서 하게 된다면 최상이겠지만, 회사가 그 한 사람을 필요로 하고 그 한 사람 또한 그 회사를 혹은 그 일을 사랑한다면 그만한 행복도 없을 것 같다는 생각을 했다. 외국의 회사는 "내 사람"이라는 표현을 많이 쓴다고 한다. 즉, 누군가가 회사에 들어온다면, 그 사람은 회사에 반드시 필요한 존재이고 회사의 일부인 것이다. 그렇기 때문에 회사는 사람을 소중히 하고, 그들의 요구에 항상 귀를 기울이는 기업문화가 잘 자리잡고 있는 것을 느낄 수 있었다. 그런 분위기는 직원이 회사를 사랑하게 되는 것으로 이어져 일이 잘 풀리는 것은 저절로 뒤따르는 결과임을 우리가 가끔 잊고 있는 것은 아닌가 싶었다.

미래기술 Trend 파악 시야 획득 심 소 영

우리에게 빛을 보여준 연수 프로그램 중 가장 기억에 남는 것 하나는 IT융합형 전기차"TESLA"에 방문한 것이다. 단순히 전기 자동차를 타보고 만져보는 식의 체험이 아니라 앞으로의 IT가 어떤 형태로 융합되고 발현될 것인가, 앞으로의 트렌드는 어떻게 흘러가며 그로 인해 사라질 것들과 생겨날 것들이 무엇인가에 대하여 진지하게 고민할 수 있는 시간이 되었다. 이 전기차의 출현은 단순히 발전된 기술의 산출물이 아니다. 빠른 속도로 세상은 변하고 있고, IT사업은 빠른 속도로 모든 필요한 것들을 융합하며 발전해 나가고 있는 것이다. 점점 '불가능'은 없어지는 듯 하다. 혹자는 이 전기 자동차의 출현으로 인해 수많은 직업이 사라지고 수많은 사람들이 직장을 잃게 될 것이라고 말한다. 그리고 그것이 바로 우리가 말하는 트렌드였다. 새로운 변화와 발전은 많은 것들을 뒤로한 채 전진한다. 그렇기 때문에 우리는 눈을 떠야 한다. 세상을 알고, 세상이 어떤 것을 원하는지, 어떤 흐름으로 가는지 알아야 하는 것이다. 그것은 작게 보면 창업에서부터 넓게 보면 모든 사람의 인생에 해당하는 이야기이다. '트렌드(Trend)' 우리는 30분간의 짧은 자동차 매장 방문으로 소중한 키워드를 얻은 셈이다.

나는 실리콘밸리에 오기 전 좋은 아이디어만 있으면 성공할 수 있다는 안일한 생각을 하고 있었다. 그러나 연수를 통해 그것이 그렇게 단순한 게 아니라는 것을 깨달았다. 실리콘밸리의 많은 기업들이 많은 유저와 social proof를 통해 같은 아이디어를 가진 수많은 경쟁자를 물리치고 빠른 성장을 했다.

창업에서 아이디어는 분명 중요한 시작점 역할을 한다. 그러나 세상에는 이미 같은 아이디어를 생각하는 사람이 수두룩하기 때문에 자신이 아이디어를 하나 짜냈다고 위대하다는 생각을 하는 것은 금물이다. 따라서 창업에 있어서는 아이디어 자체보다는 실행력이 더 중요하다고 볼 수 있다. Technology(as a idea)의 부가가치가 1이라면 concept를 부가하면서 product가

되고 1000의 부가가치가 창출된다. 여기서 Business model을 추가함으로써 Business는 1,000,000만큼의 가치가 생긴다. 성공한 사업에서 아이디어의 가치는 1,000,000의 1수준의 가치로밖에 환산이 되지 않는다. 실리콘밸리의 선배 창업가들은 그 외에도 창업에 필요한 여러 가지 팁도 많이 가르쳐주었다. 조언자의 말을 그대로 따라가는 것은 시간 낭비다. 대신 제품을 더 낫게 하라, 꼭 필요한 멤버들로만 조직을 구성해라, 좋아하는 사람을 고용하라, 첫 투자가 가장 어렵다, 항상 절약하라 등의 조언을 머릿속에 깊이 새겨두었다.

넓은 세계, 동기부여   장 혁

이번 실리콘 밸리 연수는 우리 인생의 큰 전환점이었다. Google, Apple, Intel 등 글로벌 주도 기업과 현지 벤처 캐피털리스트, 수많은 스타트업 CEO들을 만나면서 큰 영향을 받았다. 그들의 명함을 받으면서 느낀 것은 우리도 그 명함의 주인공이 될 수 있겠다는 자신감과 사명감이었다. 그로인해 드넓은 북미 대륙과 세계를 조금이나마 마음에 품을 수 있었고 ,더욱 정진할 수 있는 추진력을 얻을 수 있었다.

전세계를 마음에 담아보다   채 권 수

스스로 동기부여가 되어 일을 즐기는 사람을 이길 수 있는 것은 아무것도 없다고 생각한다. Google이나 Dropbox의 자유로운 업무환경을 보면서 그 이

면의 냉철함을 느낄 수 있었다. 그 냉철함이란 실력이 없고, 스스로 자신의 업무에 대해 동기부여를 하지 못하면 그 세계에서 흔적도 없이 사라질 수밖에 없다는 사실에서 오는 것이다. 평소에도 스스로에 대한 동기부여는 나에게 최우선적인 가치 중에 하나였는데 이번 여정에서도 한 가지 새로운 동기부여를 받을 수 있게 되었다. 바로 더 큰 세계로 나가지 못할 그 어떠한 이유도 없다는 것이다. 미국의 실리콘밸리라는 작은 지역을 견학했지만 실리콘밸리 그 자체뿐만 아니라 한국과 실리콘밸리가 연결된 큰 그림, 더 나아가서 전 세계를 마음에 담아볼 수 있는 깨달음을 얻었다.

컴퓨터 공학을 공부하여 엔지니어로서 살아가며 큰 세계를 볼 안목을 가진 철학자 역할도 해낼 수 있다면 얼마나 큰 행운이고 축복인가. 앞으로도 공부하고 살아가면서 더 많은 것을 보고 읽고 생각하게 될 것이다. 이번 견학은 이후의 나의 발전을 위한 소중한 자양분으로 사용될 것이다.

다시 찾은 나의 꿈 심 소 영

무엇보다도 이번 실리콘밸리 탐방에서의 큰 수확은 내 꿈을 찾고 돌아왔다는 것이다. 경제학회를 하면서 얕은 지식으로 금융권은 그저 자기들끼리 돈놀이 하는 곳이라 생각하며 부정적으로 느꼈었다. 하지만 실리콘밸리를 탐방하고 VC를 만나면서 투자가 기업에게 정말 중요하다는 걸 알게 되었다. 실리콘밸리의 생태계에서는 기술자뿐만 아니라 투자자 즉, 벤처캐피털 또한 중요한 위치에 있었다. 투자를 받지 못하면 현실적으로 창업하기가 많이 힘들다. 명문대 경제학과, 수학과를 졸업하고 월가의 투자은행에 들어갔지만 무엇을 위해 이것을 하고 있는가에 대한 회의감이 들어 실리콘밸리로 오게 되었다는 어느 VC의 이야기를 들으면서 저학년 때, 돈을 많이 번다는 이유 하나만으로 금융권을 목표했던 나를 뒤돌아보게 되었다. 그 목표 속에 돈만 있고, 나는 없었다. 나는 곧 스스로를 반성하고 새로운 눈을 떴다. 스타트업 기업의 일원으로서 내 회사를 세계적인 기업으로 만들고 추후 경험을 많이 쌓아 전망 있는 스타트업을 발굴하는 안목을 가진 VC가 되자는 목표가 생겨난 것이다.

VC가 되기 위해 첫 번째로 해야 할 것은 네트워킹을 위해서 MBA를 가는 것이라고 한다. MBA를 가기 전 회사경력이 필요한데 처음 하는 일이 중요한 만큼 대학 졸업 후 내가 가고자 하는 방향에 맞게 첫 직장을 잘 선택해서 많은 경험을 쌓고 싶다. 좋다고 생각했던 것이 직접 가보면 아닌 경우도 많기 때문에 회사를 보고 선택하기보다 좋아하는 일을 보고 일을 선택하기로 계획했다.

실리콘밸리에서의 많은 격려와 조언 덕분에 내가 지금 공부해야 하는 것과 방향이 뚜렷해졌다. 너무나도 많은 것을 배우고 돌아왔고, 실리콘밸리에 다녀온 일주일 동안 나는 더욱 성숙해졌다. 나를 한정 짓지 말고 뚝심 있게 앞으로 직진해야겠다. 새내기 때 이후로 더 이상의 내용이 추가되지 않았던 내 아이디어노트를 펼쳤다. '다시 열정 넘치던 예전의 나로 돌아가겠다.'는 각오와 함께 경영학적 마인드와 시장을 보는 안목을 기르는 것과 효율적인 커뮤니케이션을 위해 표현력을 기르는 노력도 멈추지 않을 것이다.

다섯가지의 자극   성 무 진

　실리콘밸리에 오기 전에 나는 창업에 대해 관심을 가지긴 했지만, 그건 그때까지만 해도 그저 막연한 관심이었다. 어떤 기술과 능력을 갖추어야 하며, 어떤 준비를 해야 하고, 어떻게 투자를 받아야 하는 지에 대해 전혀 무지했다. 특히나 나는 여느 한국 사람처럼 해외보다는 국내에서 창업하는 것이 당연하다고 생각했다.

　'Moon Shot Thinking'이라는 말이 있다. 아폴로 달 탐사선을 보고 자란 아이들이 달 여행이라는 커다란 목표를 두고 자라나는 것을 이르는 말이다. 나에게는 이번 실리콘밸리 여행이 'Silicon-Valley Shot Thinking'으로 다가왔다. 실리콘밸리에 오기 전에는 미처 생각지도 못했던 것들이 지금은 내 피부 깊숙한 곳까지 찾아왔다. 이런 자극들은 바로 글로벌 시장에 대한 시각과 Start-up에 대한 관심, 그리고 소프트웨어에 대한 깊은 애착들이라고 말 할 수 있겠다. 이를 다섯 가지의 자극으로 나누어 보았고, 이를 품고 한국으로 돌아가 그에 관련된 계획을 다음과 같이 세워 실천할 것이다.

- 첫째로 세계 IT의 트렌드에 민감하기 위해 IT Magazine을 구독할 것이다.
- 둘째로 더욱 글로벌 시장으로 진출의 자신감을 가지기 위해 이제는 필수조건인 영어를 열심히 공부할 것이다.
- 셋째로 무엇보다도 기술력을 기르기 위해 열심히 공부할 것이다. 특히 6개월 동안 인턴을 수행하기로 한 벤처에서 부지런히 배워 나만의 기술적 경쟁력을 가질 것이다.
- 넷째로 좋은, 함께할 수 있는 팀원들과의 팀워크를 다져갈 것이다. 팀원들과 함께 언제든 준비가 되면 Start-up을 시작할 수 있는 기반을 닦아 놓을 것이다.
- 다섯째로 나를 표현하고 나의 아이템을 잘 설명할 수 있는 표현능력을 기를 것이다.

같이 꾸는 꿈

성무진, 윤주성, 최용화

우리는 이번 실리콘밸리 연수 기간 동안 매일 밤 8시에 모여 함께 회의를 하고 잠이 들었다. 이를 통해 세계를 바라보는 눈과 창업을 향한 눈을 새롭게 뜨며 벅찬 희망을 공유할 수 있었다. 그리고 팀워크를 기를 수 있는 좋은 시간을 가졌다. 연수를 마치고도 함께 교류하고 소통하여 자신의 꿈을 펼치고, 고려대학교의 이름을 빛내고, 더 나아가 세계를 빛내는데 함께 걸어가는 관계로 남고 싶다.

우리라고 안 될 것 있나?

이 민 아

하루하루 꽤 타이트한 스케줄과 맞서며, 쓸데없는 고민과 더불어 앞으로 10년, 20년 후를 생각하는 중요한 고민도 많이 해보는 시간을 갖게 되었다. 그러나 확실한 것은 이거 하나인 것 같다. '젊음을 그만 낭비하고 뭐든 좀 해라!' 돌아와서 생각해 보니 내게 지금 당장 필요한 것은 나중에 후회하지 않을 만한 도전이다. 스탠포드의 대학생들은 (우리로 따지면 양 손 불끈 쥐고 머리띠를 매는 등의 굳은 각오 없이도) 억만장자의 꿈을 꾸며 창업을 하고 거침없이 더 넓은 세계로 뻗어 나가려 하지 않는가? 그들도 대학생이고, 우리도 대학생이다. 우리라고 안 될 이유가 있겠는가?

구글에 들어가는 것이 인생의 단기 목표였고, 그 조차도 내 부족한 능력이 부끄러워 자신 있게 밝히지 못했는데, '좋아하는 일을 한다면 장소는 중요하지 않다', '10억 달러 기업으로서 의미를 갖기 시작하는 숫자', '10억 달러의 가치를 갖는 기업이 1년에 100개씩 생기는 곳이 실리콘밸리'라는 말을 들을 때마다 나의 꿈은 참 작고, 좁은 시야에서 결정된 것이란 걸 느끼지 않을 수 없었다. 내 자신의 가능성을 제한하고 있던 마음의 족쇄를 풀어 버리고 스스로의 한계를 계속해서 뛰어넘기 위해 이번 여행을 통해 얻은 교훈을 잊지 않고 가슴에 새겨 둘 것이다.

실리콘밸리로 다시 돌아 오리라! 　　　　　　　김 양 선

이번 실리콘밸리 연수 덕분에 여러 유수 대기업과 벤처기업들을 방문 할 수 있었다. 오기 전에는 그냥 막연히 나중에 졸업하고 실리콘밸리에 가서 일 하면 좋겠다는 생각만 했었다. 그런데 투어를 하고 다양한 조언을 듣다 보니 어떻게 준비해야 하는지 방향이 잡혔고, 실리콘밸리에 오고 싶은 마음도 훨씬 더 간절해졌으며, 무엇보다 이곳은 준비된 자들에게만 오픈 된 공간이라는 생각을 하게 되었다. 한국으로 돌아간 후 열심히 공부해서 반드시 '벤처기업의 무덤'이라고 불리는 실리콘밸리로 다시 돌아올 수 있도록 노력할 것이다. 마지막으로 Intel에서 큰 감명을 준 글귀로 마무리하고자 한다.

"Don't be encumbered by the history.
Go off and do something wonderful."

내 인생의 전환점 　　　　　　　김 보 형

실리콘밸리에서의 일주일은 남은 인생 80년을 바꾸어 놓을 나의 인생의 가장 큰 전환점이었다. 20대의 일주일 중에 가장 놀라운 일주일이었고, 동시에 또한 가장 안타까운 일주일이었다. 그것은 세계무대의 수준에 대한 놀라

움과 한국에 있는 친구 모두에게 이 경험을 나눌 수 없는 것에 대한 안타까움
이었다. 인터넷으로 모든 것을 알 수 있었다면 우리는 여행을 떠나지 않았을
것이다. 실제로 와서 보고 느껴보아야만 알 수 있는 것들이 있다. 인터넷을
통해서 강연을 통해서 다른 사람의 입을 통해서 배울 수 있는 것에는 한계가
있다. 한국에 있는 모든 친구들과 엔지니어들이 꼭 실리콘밸리에 견학을 와
서 꿈을 키우고, 커가는 과정을 가졌으면 좋겠다.

대학교에서 얻을 수 있는 최고의 가치는 경험이라고 생각한다. 그래서 그
동안 STEP 학생회장, 영어회화동아리, ACPC, TOPCIT 등의 경진대회, 기
업인턴 등의 다양한 경험을 해오며 창업보육센터의 도움을 받아 나름 창업
준비를 해보기도 했다. 이러한 경험을 통해 사회를 이해하고, 각자 다른 역할
을 수행해보며 유연한 사고를 키워왔다고 자부했고, 더 나아가 이를 바탕으
로 앞으로 나아가야 할 80년의 진로를 미리 계획하기도 했다.

그러나 우연찮은 기회에 접한 실리콘밸리에서의 일주일은 내가 이해한 사
회와 나의 사고의 폭과 내가 결정한 진로를 지진처럼 흔들어 놓았다.

많은 사람들이 실리콘밸리가 창업의 메카라고 말한다. 실제로 내가 느끼
기에도 이 말은 정말 맞는 것 같다. 정말 많은 사람들이 성공을 꿈꾸며 실리
콘밸리에서 창업을 시작한다. 많은 전문가들은 실리콘밸리에 창업자들이 몰
리는 이유의 배경을 세 가지로 놓고 본다.

1. 잘 갖춰진 기술 – 스탠포드 대학교와 많은 연구소들

2. 투자 Infra – 많은 수의 VC

3. 창업 정신 – 많은 성공 사례들

하지만 내가 실리콘밸리에 와서 느낀 실리콘밸리의 가장 큰 장점은 바로 Human Network이다. 언제 어디서나 네트워크를 동반한 교육 모임이 열리고, 누구나가 자연스럽게 자신의 아이디어를 소개하고, 서로를 연결해주는 모습을 쉽게 목격할 수 있는 실리콘밸리는 창업자들의 천국이 아닐까 싶다. 창업활동을 하기 위해 세계 각국의 인재들이 모여 있는 환경만을 놓고 보더라도 실리콘밸리에서 하는 사업은 이미 전 세계를 상대로 비즈니스하고 있는 것과 다르지 않기 때문이다. 이게 바로 실리콘밸리의 매력이고, 내가 실리콘밸리에서 창업을 꿈꾸게 된 가장 큰 포인트다.

현재는 실리콘밸리에서 들었던 다채로운 교육 내용과 거기서 근무하시는 여러 선배들이 해주었던 조언들을 정리하고, 롤 모델도 정립하여 느낀 바를 글로 써보고 싶다. 창업이나 IT분야에 관심 있는 사람들과 이것을 공유하거나 신문에 기고해서 많은 사람들에게 이런 교훈을 알리고 싶다.

실리콘밸리는 정말 엄청난 곳이었다. 이번 견학은 우리 모두의 가슴에 작은 씨앗을 뿌려주었다고 생각한다. 이 씨앗이 나무가 되고, 숲이 되고는 개개인의 노력 여부에 달린 문제일 것이다.

씨앗을 잘 가꾼 우리 중에 누군가는 후에 창업가가 되고, 누군가는 엔지니어가 되고, 누군가는 VC가 되어있을 것이다. 그래서 실리콘밸리에 분교를 세우고, 후배들이 세계를 무대로 쭉쭉 뻗어나갈 수 있는 토양을 만들어 주는 선배가 되어 대한민국의 국위선양에 기여할 것을 기대해 본다.

내가 누구인가를 알고 좋아하는 일을 열정적으로!　안 종 현

Flow State Media 의 Kahn Jekarl을 만나며 자신이 좋아하는 분야에서 일을 하는 것을 목표로 한다면 실제로 투자를 받아 창업을 하는 것이 좋은 방법이라고 생각하였다. 실제로 강연과 대화를 통해서 자신의 일을 정말로 즐기면서 열정적으로 하고 있다는 것을 느낄 수 있었다. 그의 창업과정을 들으면서 대학이라는 공간이 우리에게 많은 기회와 가치를 준다는 것도 깨닫게 되었다. 또한, 같이 과제를 하고 연수 과정을 함께하는 STEP 학생들과 더욱 끈끈한 네트워크를 가져야겠다고 생각했다.

나는 평소 컴퓨터 공학자로서 어떤 분야를 전공으로 할지 선택함에 있어서 단순히 인기가 있고, 유망이 있는 것을 기준으로 삼아온 게 사실이다. 이번 연수를 통해 실리콘밸리의 IT산업 종사자들과 선배들에게 들었던 공통적인 조언은 바로 내가 누구인지를 아는 것이었다. 스스로 나를 더 잘 안다면 내가 무엇을 할지를 Kahn Jekarl처럼 쉽게 대답을 할 수 있을 것이라 생각하였다.

그의 발표와 대화를 통해서 나 자신을 알고, 좋아하는 것을 실천하는 것이 자신의 인생에 있어서 얼마나 값지고 소중한 일인지를 알게 되었다. 그래야지만 비로소 목표를 달성하기 위해 가져야하는 노력과 열정도 자연스럽게 뒤따라오는 것을 알게 되었다. 연수가 끝나고 후기를 작성하는 지금 나는 나를 알기 위한 계획을 세우고 있다. 그 계획 중 하나는 다양한 경험을 하는 것이다. 내가 무엇을 하면 즐거운지 그리고 무엇을 잘 할 수 있는지 느끼기 위해서이다. 다양한 사람들을 만나고 알게 되었지만, 오히려 나 자신이라는 자아를 만날 수 있는 시간이 아니었나 싶다.

새로 생긴 목표: 미국간다! 창업한다!　　　　　　　이 인 엽

이번 실리콘벨리 연수에서 주로 얻은 것은 지식으로 알고만 있던 사실들을 조금 더 경험에 가까운 것으로 바꾸었다는 점이다. 좋아하는 일을 하라는 것, 영어 공부를 해야 한다는 것, 실리콘벨리의 여러 기업들의 성공 사례들은 이미 다들 책이나 언론에서, 정확히는 웹사이트에서 보고 들은 바 있지만 직접 체험으로 보고 느끼고 나니 그 사실들이 조금은 다른 방식으로 나에게 다가오는 것을 느꼈다. 그때의 느낌은 마치 고등학생 때 대학탐방을 와서 가고 싶었던 캠퍼스를 직접 보고, 선배가 되었으면 하는 사람들의 응원을 들은 느낌과 비슷했다.

이번 연수를 계기로 큰 목표 몇 가지가 마음에 박혔다. 첫째, 미국으로 간다. 둘째, 창업을 한다. 미국으로 가려는 이유는 일단 컴퓨터의 시작과 번영이 일어난 곳이고, 아직까지 그 중심이 되는 곳이기 때문이다. 그렇기에 목적이 공부이던 창업이던 일단 미국이 IT쪽으로는 가장 좋은 환경이라는 것을 느꼈다. 실제로 여러 기업들을 방문하면서 그곳 직원들이 정말 좋은 환경에서 재미있게 일하고 있는 모습이 참 인상적이었다. 그리고 미국은 세계에서 가장 뛰어난 대학들이 있는 곳인 만큼 우수한 인력이 많다. 창업을 하려는 이유는 내가 멋진 것을 만들어서 세상에 선보이면서도 그것으로 아주 많은 돈을 벌고 싶기 때문이다. 더불어 나의 창업으로 인하여 사람들의 삶에 좋은 영향을 끼쳤으면 하는 바람이다. 그러기 위해서는 앞으로 내가 어떤 것을 만들 것인지 깊게 고민을 해야 할 것이다.

세계로 눈을, 우리도 바꿔야 …　　　　　　　　도 병 수

　　많은 한국인들 그리고 고려대학교의 선배들이 그곳에 계시는 것을 보고 우리도 이제는 우리의 시야를 한국뿐 아니라 세계적으로 넓혀야 함을 깨달았다. 그리고 그곳 선배들께서 들려주신 경험담과 조언은 매우 교육적이었다. 우리가 나중에 사회에 나가서 할 일이 많이 있음을 느꼈다. 개인적으로 가장 원하는 점은 실리콘밸에서 개발자가 되어 자유롭게 일을 해보고 싶고, 그 문화도 더 알고 싶지만 그만큼 한국의 개발자들에 대한 환경 또한 바꾸고 싶다는 꿈이 생겼다. 한국에만 있었으면 전혀 알 수 없었던 점들을 이번 기회에 배우게 되어서 STEP 관계자 분들과 실리콘벨리에서 우리를 도와주신 분들에게 모두 감사하다고 전하고 싶다.

We shall never stop!

정 소 현

우리는 실리콘밸리로 견학을 가서 스타트업을 포함한 여러 기업들과 벤처 캐피탈들을 방문하여 두 눈 번쩍 뜨고 많은 것들을 배웠을 뿐만 아니라 그곳에 일하고 있는 선배들로부터도 상당히 의미 있는 조언들을 듣게 됐고, 동기부여를 받을 수 있는 기회를 얻게 되었다.

이 책에서 다룬 것 외에도 보고 듣고 배우고 느껴서 내 가슴에 자리 잡은 것들이 너무 많다. 그러나 그것들 모두 꺼내놓기보다 마지막 한마디로 이번 연수를 정리하고 앞으로의 일을 도모할 생각이다. "멈추지 말자." 창업이건 취업이건 혹은 석/박사 과정을 밟든 멈추지 말자. 가만히 서서 무엇을 할지 무엇이 옳은지를 따지는 것은 제일 바보 같은 짓이다. 무슨 일이건 선택하면 후회하지 않고 그 길을 가는 것이다. 내가 그 길을 선택한다고 해서 그 길을 평생 가는 것도 아니며 언제나 내가 원한다면 나에게는 수많은 갈랫길이 눈앞에 펼쳐질 것이다.

단순히 먼 미래를 보며 두려워 무언가를 주저하지는 말자. 하고 싶은 것은 하면 되고, 그 길이 아니라는 확신이 들 때면 또 다른 길을 가도 된다는 것이다. 단지 후회도 하지 말고 기회도 놓치지 말자. 그 누구도 자신이 어떤 길을 갈지 앞날을 확신할 수 없으며 지금 결정지은 것들이 그대로 실행될지도 아무도 모른다. 그렇기 때문에 멈춰서 고민하는 것만큼 시간을 낭비하는 일은 없는 것이다. 뜻이 있는 자에게 길은 생길 터이다. 내가 갖고 있던 의심과 두려움에 대한 답은 얻은 듯하니, 이제는 내가 이번에 새긴 모든 것들로 수많은 것들을 가꾸고 일궈내는 일만이 남았다. 두려워 말고 "멈추지 말자."

제 4 부

실리콘밸리 전문가와의 교류: 창업 교육, 조언

실리콘밸리 연수중에 많은 강연을 들었는데, 특히 기업 방문과 VC, CEO 와의 대담뿐만 아니라 여러 가지 세션도 유익했다.

강연자마다 색다른 이야기와 배울 거리를 전달해주어서 즐겁고 귀한 시간이 되었다. 강연했던 내용과 선배들로부터 들은 인상적인 조언 중에 공유하면 좋겠다고 생각되는 일부를 간단히 정리해보려고 한다.

크고 작은 세션이 있었지만, 가장 꼽을 수 있던 특강과 행사는 KOTRA 권중헌 관장님의 'Silicon Valley Overview' 와 Thinktomi의 'Entrepreneurship', 고대 선배님들과 함께한 동문회였다.

KOTRA 권중헌 관장님은 우리나라와 미국을 비교하면서 통계적 지표에 대한 중요성을 일깨워주었고, 그 규모와 환경을 설명해주어 본격적인 탐방에 앞서서 기초적인 배경지식이 될 만한 것들을 가르쳐 주었다. Thinktomi는 스타트업 육성을 위한 교육기관으로 기업가 정신에 관련된 세션을 들을 수 있었다. 특히 Lawyer이자 MBA 출신의 컨설턴트가 해준 세션은 우리들의 커리어 패스와 경험에 굉장히 큰 도움이 되었던 시간으로 인상 깊었다.

4-1. 실리콘밸리식 창업 교육

KOTRA(한국무역투자진흥공사) 실리콘밸리 지사에서는 실리콘밸리의 현지 전문가를 초빙하여 학생들을 위하여 다양한 교육을 제공해주었다.

〈 Lean StartUp 창업 교육 〉

실리콘밸리의 창업전문 교육기관인 ThinkTomi의 강의에서는 팀 구성 전략, 린 스타트업 (Lean startup) 방법론, 비즈니스 모델 캔버스 등을 배웠다. 팀에서의 분배는 50:50보다는 45:55처럼 한 쪽이 컨트롤이 가능한 분배를 해야 한다. 그렇지 않을 경우 프리라이더(free rider)가 생긴다. 전통적인 경영에서는 엄밀한 시장조사를 거쳐 완성도 높은 제품을 개발해 내놓지만, 스타트업 같은 소규모 조직에서는 자원이 제한적이어서 불가능하다. 이러한 기존 방식과 달리 빠른 피드백을 통한 제품 개발과 신속한 실험을 통해 실제 성과를 측정해 고객이 진정으로 바라는 것에 집중하는 방법이 린 스타트업 방식이다. 만들기, 측정, 학습 피드백 순환은 린 스타트업 모형의 핵심이다. 어떤 회사의 일원이 되던 린 스타트업을 뛰어넘는 우리만의 경영방식을 도입하면서 더 혁신적인 그룹이 될 수 있는, 자유롭게 창의적인 생각을 이끌어낼 수 있는 효율적인 기업문화를 만들고 싶다.

〈 Design Thinking 교육 〉 심 소 영

Intel에서 일하시는 분의 Design Thinking 강의였다. 제품의 목표를 설정하고, 예측하며 시장조사를 진행한다. 제품에 스토리를 입힌다. 그것은 곧 스토리텔링을 위한 것이다. 이후에 고객제품을 만들고서 브레인스토밍 (brainstorming, 창조적인 아이디어 회의) 등을 통해 테마를 찾아낸다. 그리하여 최대한 빠르게 프로토타입(prototype, 양산하기에 제작해보는 원형)을 도출해내고,(그것이 고무 찰흙이든, 화이트보드의 낙서건 간에) Shark Tank라고 불리우는 날카로운 비판들을 통하여 다듬고 마침내 컨셉을 도출해 내는 과정이다. 이런 Design Thinking과정이 필요하다는 것을 어렴풋이는 알고 있었지만, 구체적으로 강의를 듣게 되어 속이 좀 뻥 뚫린 느낌이었다.

KOTRA에서 구글, 테슬라, 아마존 등이 겉보기에 관련 없어 보이는 사업에 투자하는 이유에 대한 설명을 들으면서 항상 '왜?'로 시작하여 뒤집어 생각해 보는 습관을 길러야 함을 배웠다.

구글이 무인자동차 사업에 뛰어들었고, 때를 맞춰 무인자동차에게 운전면허를 제공하는 법안도 나오고 있다. 그렇다면 인터넷 검색엔진 서비스 기업인 구글에서 무인자동차 사업을 진행하는 이유는 무엇인가? 그 대답은 운전을 자동차에게 맡기고 대신 그 시간에 구글의 플랫폼을 이용하도록 하기 위함이다.

TESLA의 전기자동차가 보편화 된다면 어떤 일이 발생할까? 컴퓨터가 자동차에 입혀져 스마트폰과 컴퓨터만으로 모든 것이 제어 가능하게 되면서 자동차 부품이 필요 없으니 부품 회사가 모두 사라지리라는 것은 둘째 치고, 우선 차량 제어 부품으로 들어차 있던 부분들을 모두 트렁크로 쓸 수 있게 된다는 혁신적인 상황이 벌어진다. 내부에 설치된 커다란 스마트모니터가 차의 모든 것을 제어할 수 있게 된다. 우리가 당연하게 쓰던 것들이 새로운 패러다임 속에서 점점 바뀌어 가는 것을 보면서 미래는 과연 어떤 양상으로 발전하게 될지 궁금했다. 나는 이 대목에서 미래를 움직이는 데 기여할 수 있는 사람이 되겠노라 다짐했다.

〈 Thinktomi 교육 프로그램 〉
Shark Tank와 Silicon Valley, TV 프로그램을 보라   김 명 곤

UniKamp에 참가하기 위해 사흘간 KOTRA에서 Thinktomi 프로그램에 참여하며 수업을 들었다. 첫날 수업은 Ice breaking으로 시작되었다. 자연스럽게 서로를 알아갈 수 있는 시간이었는데, 자기소개를 3가지씩 이야기하되 거짓말을 하나씩 섞어놓고, 그 거짓말을 서로 맞추는 간단한 놀이였다. 상대방의 거짓말을 맞추기 위해 상대방이 어떤 사람인지를 많이 고민해야 하고, 그

것을 알아 맞춰 나가면서 그 사람의 성향을 파악할 수 있는 점이 신기하면서도 배울 점이 많았다. 거짓말을 맞출 때마다 약간의 돈(놀이를 위한)을 얻을 수 있었는데 이것은 이후에 다른 놀이에 쓰였다.

자기소개가 끝난 후 우리는 방금 각자 얻은 돈으로 강의실 뒤에 있는 물건들을 구입할 수 있었고, 이것으로 아이템을 만들어 스피치를 통해 팔아야 하는 상황이 주어졌다. 내가 꽤 많은 돈을 얻었으므로 이런저런 아이템을 구매할 수 있었고, 우리 팀은 '파이프 냉난방 보호기'라는 컨셉으로 말도 안 되는 제품을 만들어 발표를 하게 되었다. 사실 아이템들이라는 것이 처음부터 제대로 된 것을 만들 수 없는 것들이었다. 어디까지나 이번 놀이는 그런 상태의 제품일지라도 당면한 문제를 어떻게 재치 있게 해결할 것인지를 보기 위한 것이기 때문에 사실 제품의 완성도는 중요하지 않았다. 각 팀의 스피치가 끝나면 모두가 각자 한 아이템에 투자를 해서 가장 많은 투자를 받는 아이템이 우승하는 그런 놀이였다. 그런데 아이템의 내용이나 스피치와는 전혀 상관없이 초기 자본을 가장 많이 모았던 내가 우리 아이템에 투자를 몰아주는 바람에 우리가 이기고 말았다.(이것이 자본주의인가?)

연수 2~3일 차부터는 주로 강의를 들었다. 스피치, 마케팅, 법률을 아우르는 수업들을 들을 수 있었다. 그 중에 주로 스피치 강연이 기억에 남는다. 그 때 강연을 들으면서 생각 했던 건 Shark Tank와 Silicon Valley 라는 TV 프로그램을 꼭 챙겨서 보아야겠다는 생각이었다. 이 프로그램들은 스피치능력을 키우는데 많은 자극제 역할을 할 것 같았다. 3일 동안 진행됐던 스피치 강연의 일정이 길다면 길고, 짧다면 짧게 느껴지기도 했던 건 밤 늦게까지 잠을 줄여가며 PPT를 준비해 가면서 스피치 훈련을 했던 탓일 것이다. 이를 통해 나의 스피치 능력은 분명 이전보다 한층 더 발전하게 되었다.

강연 1 : KOTRA 실리콘밸리 무역관장, 권중헌

KOTRA(대한무역투자진흥공사)는 실리콘밸리 무역관이라는 이름에 걸맞게 실리콘밸리 지역의 한국인들을 위한 다양한 지원 사업을 펼치고 있다. 그 중 창업을 준비하는 이들에게 도움이 될 수 있는 것으로는 초기 스타트업을 지원하는 프로그램을 마련하고 있다는 점이다. 이 프로그램의 목적은 스타트업에게 KOTRA 건물 내에 스타트업을 위해 마련된 공간을 제공하는 등 다양한 지원을 함으로써 스타트업 기업들에게 실리콘밸리 진출의 발판이 되어주고자 한다는 것이다.

a. 창업의 시작, 비즈니스 마인드 확립하기

나도 없는 운전면허를 자동차가 가지고 있다면? 미국 캘리포니아 주에서 운전면허를 취득한 구글의 무인자동차에 대한 이야기이다. 또한 구글은 무인자동차뿐만 아니라 구글글라스(Google Glass, 구글이 만든 '스마트 안경')를 개발하고, 프로젝트 룬(project Loon, 구글의 글로벌 Wi-Fi 구축 프로젝트)를 계획하는 등의 상상을 뛰어 넘는 사업들을 진행하면서 다양한 분야에서 우수한 인재들을 통해 그 노력을 아끼지 않고 있다. 그런데 그것에 감탄하기에 앞서, 구글이 과연 왜 이러한 것들을 만들고 실현하고 있는지 생각해본 적이 있던가?

구글이 조사한 설문 조사에 따르면 1억 명 중 7천명이 운전하면서 핸들을 놓을 수 있다면 그 시간에 모바일기기를 사용할 것이라고 응답하였다. 단순히 운전자가 운전대를 놓게 함으로써 수많은 운전자들을 새로운 고객으로 창출해 낼 수 있는 것이다. 이렇듯 구글은 끊임없이 자신의 서비스 제공할 수 있는 고객의 범위를 확대하기 위해 무인자동차와 구글글라스 같은 창조물을 만들어내고 있는 것이다.

이렇듯 제품의 기능과 창의성에 감탄하는 수준을 넘어서 '왜?'라는 질문을 던지고, 당연한 것을 뒤집어 생각해보며 거시적 관점에서 새로운 패러다임으로 바뀌어가는 트렌드를 파악할 수 있어야 한다. 왜 테슬러가 전기 자동차를, 왜 아마존이 드론(drone, 멀티콥터)을, 왜 구글이 무인 자동차를 거액을 들여 개발하는 지 생각하는 것에서부터 비즈니스 마인드가 시작된다.

b. 성공을 위해 간과하면 안 되는 것, 아이디어와 사람에 대하여

아무리 좋은 아이디어라도 돈이 안 되면 비즈니스가 될 수 없다. 다음은 이것을 식으로 표현한 것이다.

Idea = 1

Idea + Concept = Produce (1,000+)

Idea + Concept + Business model = Business (1,000,000+)

아이디어도 중요하지만 그 자체만 놓고 보면 가치는 1 밖에 되지 않는다. 그러나 아이디어에 컨셉이 가미되어 제품이 되고, 비즈니스 모델이 정확히 확립되어 그것이 사업으로 발전한다면, 창출되는 부가가치는 무한히 커질 것이다. 결국 아이디어로부터 비즈니스 모델을 이끌어 내는 것이 개인의 역량이며 이 두 가지가 결합된 모델이 뛰어난 가치를 갖는다고 할 수 있다.

VC에게 한 달에 20개 이상의 스타트업 기업들이 동일한 아이디어의 사업 계획을 들고 오는 경우도 있다. 개개인들은 모두 그것이 자신의 독창적인 아이디어이며 반드시 성공할 것이라 주장하지만, 실은 자신을 제외하고도 무려 19개의 팀이 동일한 혹은 유사한 아이디어를 기반으로 사업을 진행하고 있었던 것이다. 이것은 어느 누가 다른 기업의 아이디어를 도용한 것이 아닌, 자연스럽게 일어나는 현상이며 실제 이런 사례가 많다고 한다.

또한, 좋은 아이디어만 있으면 성공할 수 있다는 생각은 매우 순진하고 낭만적인 착각에 불과하다. 실제로 일부 VC들은 아이디어보다 팀의 구성원을 더 중요하게 여기기도 하는데, 이는 각 팀의 실행능력이 아이디어를 현실화시키는 데 가장 큰 영향력을 끼치기 때문이다. 그러므로 실행력은 그 팀 또는 그 구성원들이 어떠한 경력을 가지고 있는지를 확인함으로써 판단 가능하다.

c. 실리콘밸리의 신화와 기대가치

우리나라의 1년 GDP에 해당되는 10억불(약 1조원) 이상의 가치를 갖는 스타트업 기업이 1년에 100개 이상 생기는 곳이 실리콘밸리이다. 쉽게 말해 학교 친구나 직장 동료가 창업을 해 보겠다고 1~2년 뛰어들고는 수십억을 벌어오는 사례가 빈번한 것이다. 그렇다보니 그곳에서 창업을 하는 사람들은 기대가치의 수준이 일반 기업으로 취업 또는 타 지역에서의 창업과는 비교도 할 수 없을 만큼 높다. 원대한 꿈을 가지고 높은 목표를 세우며 젊음을 불태워 상상을 현실로 바꾸어가는 이것이 바로 창업가 정신이자 창의력의 원천이 아닐까?

우리나라의 경우 창업실패 시 모든 부담은 CEO에게 지워진다. 이러한 상황이다 보니 어떤 이들은 우리나라의 창업 시장을 'In은 가능하나 Out이 불가능한 곳'이라고 표현하기도 한다. 각종 정부 지원이다 뭐다 해서 창업을 권장하지만 정작 사업이 실패하고 나면 내 주위에 아무도 남아있지 않는 것이 현실인 것이다.

실리콘밸리의 경우 시장의 대상은 전 세계임에도 불구하고 사업 실패 시 재도전의 여부는 본인에게 달려있다.

폐쇄적인 우리나라의 문화와 달리 실리콘밸리는 CEO 중 50%이상이 미국인이 아니며, 이 외에도 VC와 기업 간의 관계에서도 큰 차이를 보인다.

미국의 아폴로 13호가 달에 처음 도착했을 때 미국의 학생들은 달나라에 가는 꿈을 꾸며 성장하였다. 마찬가지로 중국이 달에 도착하였을 때, 중국 학생들의 생각의 폭은 지구를 넘어 달까지 확대된다. 자국의 달 탐사 성공을 보고 자란 아이들은 그렇지 못한 아이들과 비교했을 때 '불가능'에 대한 생각의 기준이 다르다고 한다. 실리콘밸리라는 열대우림과 같이 복잡하고도 정교한 생태계를 경험한 사람과 그렇지 못한 사람은 분명 큰 차이가 있다. 단순히 시장 크기의 차이가 아닌 그 무언가가 실리콘밸리에 있다고 「정글의 법칙」은 말한다.

강연 2: 벤쳐 캐피탈리스트 Josheph Kim

Joseph Kim이 New age of Entrepreneurship이라는 제목으로 창업자가 가져야 할 방향과 기존 회사의 방향들을 가르쳐 주었다.

a problem-centric approach to entrepreneurship

강연이 전달하려는 내용은 매우 간결하고 명확했다. 주제는 문제의 본질을 제대로 파악하기인데, Joseph Kim이 말했던 problem-centric approach라는 것은 무엇을 의미할까? 강연자는 실제 사례를 제시하며 논지를 전개했다.

첫 번째 예로 동영상 서비스를 제공하는 웹 서비스의 후발주자(late mover)였던 Youtube가 다른 경쟁자를 이길 수 있었던 요소를 제시했다. Youtube가 같은 분야의 다른 경쟁자들을 물리치고 최고의 위치에 오를 수 있었던 것은 동영상을 공유한다는 것을 넘어선 무엇인가를 조금 더 가지고 있었기 때문이라고 했다. 그것은 다음 두 가지였다.

1. Users were able to embed videos. 사용자가 동영상을 올릴 수 있다.
2. It allowed pirated contents for free. 복제를 허용한다.

아주 조금의 차이(subtle difference)가 Youtube가 경쟁에서 승리하도록 했다는 것이다.

두 번째 social network에 관해서는 Facebook이 어떻게 Myspace를 물리쳤는지에 관한 이야기였다. Joseph이 주장한 것은 다음과 같다. Myspace는 아름다운 여성들의 사진과 음악 밴드를 중심으로 사용자들을 모으고 커나갔다. 그런데 Facebook은 사용자들 간 상호작용하는 것, 개인정보 보호, 그리고 의사소통에 중점을 두었다. 이 관점에서 Myspace와 Facebook을 대비시켜보면

contents vs. communication으로 말해볼 수 있다. 두 시스템을 대비시켜볼 수 있는 또 다른 기준은 출발 지점이다. Myspace는 음악가들 위주로 서비스를 시작했다면 Facebook은 주 서비스 대상은 대학생들이었다. 그래서 이 두 가지를 개발하는 방향도 달랐던 것이다.

세 번째 예로는 Dropbox를 들었다. Dropbox가 성공할 수 있었던 이유에는 파일을 공유한다는 것에서 한 발짝 더 나아가서 문제의 핵심을 잡아냈기 때문이라고 말했다. 그 근거로 접근성과 사용의 편리성까지 고려했다는 점을 이유로 들었다.

네 번째 예는 Sun Microsystems였다. 여기에서는 Sun의 전략이 무엇이 잘못되었는지를 두 가지로 이야기했다.

1. dual focuses 원하는 것이 많아 한 가지에 집중하지 못했다.
2. They solved a wrong problem. 문제 자체를 잘못 정의했다.

Joseph Kim은 2번이 훨씬 더 중요한 이유라고 말하면서 그 이유로 Sun이 경쟁했던 시장에서 중요한 핵심은 웹 개발의 용이성과 속도였는데, Sun은 그것을 제대로 파악하지 못했다고 했다. 결국 Sun은 Linux, Apache, MySQL, PHP와의 경쟁에서 지고 말았다.

여기까지가 강연자 Joseph Kim이 제시했던 내용이다. 결국 결론을 다음과 같이 내려볼 수 있었다.

1. 문제를 정확히 파악한 이후에 해결을 위한 노력을 해야 한다.
2. 내가 만드는 상품을 사용할 대상을 정확하게 파악해야 한다.

Joseph Kim은 이것을 위해서 항상 스스로에게 자신이 문제를 제대로 인지하고 상황을 해결 해나가고 있는지 질문해보라고 조언했다. 문제를 실제로 푸는 것보다 문제 자체를 정확히 정의하는 것이 더 어려울 때가 많다는 것을 들어본 적이 있다. 그만큼 문제의 핵심을 정확하게 짚어내기 위해서 주의를 기울일 필요가 있다는 것인데, 이번 강의를 통해 Joseph Kim이 제시한 주제에서 벗어나는 이야기가 주변에 몇이나 될까하는 의문을 갖기도 했다. 맥을 정확히 짚어주는 한의사를 만나고 온 기분이었다.

이어서 스타트업 경험이 많고, 현재 벤처 캐피털리스트로 활약하고 있는 Steve Lee와 Joseph과의 대담에서는 실리콘밸리에서의 투자 규모와 단계, 그리고 기업의 흥망에 대한 구체적인 통계를 가지고 논의가 진행되었다. 기업의 성장곡선이 hockey-curve로 갈 때의 추진력을 얻는 것이 fund raising이어야 한다는 점과 엔지니어로서 트렌드를 놓치지 않되 맹목적으로 쫓지 말라는 큰 조언도 들을 수 있었다.

강연 3: CDnetworks 하대웅 부사장

　CD Network의 부사장인 하대웅 부사장님은 Ice breaking을 통해 자신이 누구인지 유쾌하게 설명해주시며 미국의 전반적인 삶에 대해 이야기해주셨다.

한국인이 실리콘밸리에 와서 실패하는 이유

　하대웅 부사장님의 말씀에 따르면, 한국인들이 미국에서 일을 할 때 실패하는 가장 큰 이유 중의 하나가 한국인의 사대주의적인 태도 때문이라고 했다. 미국에서 일하는 한국인이라 할지라도 종종 그들에게서 사대주의적 성향을 발견할 수 있다고 한다. 특히 영어를 잘 쓰는 미국인들이 하는 말은 뭔가 다 맞는 것 같다고 느끼는 것이 계약이나 협상 때 번번이 한국인들을 쓰러지게 하는 원인이 될 수 있다는 것이다. 하대웅 부사장님은 우리에게 이렇게 말했다. "영어를 쓰는 백인들에게 미리 advantage를 줄 이유가 전혀 없다." 영어만 잘할 뿐 오히려 정보나 논리력이 부실한 백인들이 많은데 영어를 잘한다는 이유로 우리가 그들의 가치를 높여줄 때가 많다는 사실이다.

　또 하나의 실패의 원인은 한국 사람들이 manual문화에 익숙하지 않기 때문이라 한다. 미국사람들은 상대적으로 우리나라에 비해 학력이 낮은 사람들이 많다. 하지만 중학교 고등학교를 나오지 못한 사람들도 일을 하는 곳이 미국이다. 미국에서는 학교를 못 나온 이들도 맥도널드와 같은 part-time job 을 쉽게 할 수 있다. 이유는 그런 곳에서조차 manual이 분명하기 때문이다. 달리 말하면 미국에서는 업무 process가 명확하다. 그렇기에 그에 익숙하지 않은 한국인들이 미국인들에게 일을 시키기에는 많은 애로사항이 따르는 것 이 당연한 것이다.

또한, 상대적으로 낮은 학력으로 인해 미국 소비자들은 최대한 직관적인 것을 선호한다고 한다. 삼성의 갤럭시시리즈와 애플의 아이폰시리즈만 봐도 그렇지 않은가? 애플의 아이폰시리즈가 훨씬 직관적이라고 한다. 그렇기에 직관적인 것보단 복잡한 것에 익숙한 한국인들은 복잡한 제품을 만들고, 그 것은 미국소비시장에 잘 먹히지 않는다는 것이다.

이러한 것들을 이해하고 미국에 진출한다면 실수를 많이 줄일 수 있을 것 이라는 것이 하대웅 부사장님의 말씀이었다. 그리고 미국에 진출한 이상 영 어를 못해도 CEO가 한국에 있기보다 미국에 있어야 일이 잘 진행된다는 것이 다. 이는 그만큼 일의 결정과 진행이 신속히 이루어져야 한다는 것을 뜻하 기도 했다.

우리에게 주신 도전의 말씀들

-Love what you are good at. Know yourself. Never give up.

많은 자기개발서들은 좋아하는 일을 하라고 하지만, 하대웅 부사장님의 말씀은 조금 달랐다. 바로 잘하는 일을 좋아하는 것이 먼저가 되어야 하며, 그러기 위해서는 자신에 대해 알려는 노력을 멈춰서는 안 된다 하셨다. 자신이 누구인지, 무엇을 잘하는지 발견하게 된다면 그 이후에는 그것을 위해 절대 포기하지 말라고 하셨다.

나이별로 생각해 볼 것들

하대웅 부사장님은 25~35세, 35~45세, 45~55세 각각 마음가짐과 삶이 조금씩 달라야 한다고 하셨다. 부사장님의 생각은 다음과 같았다.

- **25~35세**
  - Be young, smart and hungry 젊음, 똑똑함, 그리고 배고픔
  - Live by capability and endeavor 능력과 노력으로 살아라.
- **35~45세**
  - Be wise 현명해져라.
  - Live by achievement and reputation you made in 25~35
    25~35세 때 만들어 놓은 성취와 명성으로 살아라.
- **45~55세**
  - Be wiser 더 현명해져라
  - Live by the position you made in 35~45.

35~45세 때 만들어 놓은 자리로 살아라.

이런 하대웅 부사장님의 좋은 이야기들을 듣고 나니 더 앞으로 나아갈 힘과 자신감이 생겼다. 감사한 하루였다.

강연 4 : NeuroSky CTO 이구형 박사님

이구형 박사님은 현재 Neurosky에 CTO를 맡고 계시며, San Jose 에서 창업하여 지금까지 회사를 이끌어 오고 계신 분이다. 스스로를 감성공학자라고 하며 우리에게 새롭고 뛰어난 기술보다는 비즈니스 모델을 품을 수 있는 기술을 개발하라고 강연해 주셨다. 이구형 박사님이 해주신 말씀은 그 자체가 실리콘밸리의 창업 정신이었다. 그리고 강연 중 '실리콘밸리는 기회의 땅이지 약속의 땅은 아니다.'라는 그 분의 말씀이 내게 깊은 인상을 남겼다.

개발자 또는 연구자가 가져야 할 마음가짐과 삶의 방향성에 대해 진술하면서도 열정적으로 강연해주신 이구형 박사님께 이 자리를 빌어 감사의 마음을 전하며 그 일부를 간단히 정리해 보려고 한다.

우선, 공학자에게 Impossible이란 것이 무엇인가? 라는 질문으로 강연이 시작되었다. 공학자에게 Impossible이란 Not Available 이라고 한다. 이 말뜻은 공학자에게 불가능이란 없으며 단지 지금 제공되지 않을 뿐이라는 이야기다. 박사님께서는 우리에게 도전정신을 갖고 Impossible 을 I'm possible 로 바꾸려고 노력할 것을 주문하셨다. 이와 더불어 우리와 같은 개발자의 본질에 다가가는 질문이 이어졌다. '소프트웨어란 무엇이며 소프트웨어 개발이란 무엇인가? Creativity란 무엇인가? Creative 소프트웨어란 무엇인가? 왜 Creative 소프트웨어가 필요한가?' 그에 우리가 사회를 변화시킬 수 있기 때문에 개발을 하는 것이라고 어설프게 대답하자, 박사님께서는 이를 멋지게 정리해 주셨다.

소프트웨어란 상상력을 현실로 만드는 도구이며 이때에 우리는 모든 감각을 동원하고 기능을 활용한다고 한다. 즉, 활용성과 심미성(감성)이 모두 필요하다는 것이다. 이와 같은 정의를 따르면 소프트웨어 개발이라는 것은 상상력을 현실로 만드는 작업이 된다. 또한 Creativity는 단순한 새로운 것을 나타내지 않으며 새로운 것을 나타내는 단어는 New이지 Creativity가 아니다. 그리고 Creativity는 사회를 변화시키는 힘이라고 정의할 수 있다. 이렇게 Creative와 Software를 정의하고 두 가지를 합쳐보면 Creative Software라는 것은 사회를 변화시킨 상상력이 되고, 이것이 필요한 이유는 사회를 변화시킬 수 있기 때문이라고 한다.

이렇게 내가 하고자 하는 일의 본질을 알게 되자 해내야 하는 일, 해야 하는 일 들이 좀 더 명확히 보이기 시작했다.

박사님의 말씀처럼 소프트웨어에는 활용성과 심미성이 모두 필요하다면 소위 말하는 인문학과 공학의 결합이 그에 대한 해답일까? 여기서 박사님은 우리에게 기술자이기보다 Creator가 되라고 이르셨다. 그리고 컴퓨터는 외부로 연결하기 위한 단순한 도구에 불과하니 기능과 성능보다는 심미성을 가지라고 하셨다. 기술을 세계에서 제일 잘하는 것만으로는 한계가 명확하다. 불편한 점이 무엇이고, 그것을 개선할 방법을 찾아내는 것이 Creator이고, 이 방법을 찾아낼 때 공학자가 가진 용기와 도전의식이 필요한 것이라고 하셨다.

많은 성공한 사람들이 '도전정신', '용기', '리더쉽'을 주문하면서 '창의력'을 키우라고 말한다. 하지만 How에 대답해주고, 그 답에 대해 명확히 정의해준 사람은 없었다. 이구형 박사님의 강연을 들으며 '창의력'이라는 것은 훈련과 노력을 통해 얻어진다는 것을 깨달았다.

흔히 어린아이들이 어른보다 창의력이 뛰어나다고 생각한다. 이것은 일부는 맞는 이야기이다. 관습에 물들지 않은 아이는 어른과는 다른 생각을 한다. 그렇지만 어린이들에게 외계인 그림을 그려보라고 하면 대부분 SF 영화에 나오는 흔한 외계인을 그린다. 오히려 SF 감독에게 외계인 그림을 그려보라고 하면 상상하지 못했던 창의적인 외계인을 그린다. 그런 의미에서 창의력은 키워나갈 수 있는 것이니 노력하면 된다고 하셨다. 또한, 디자인과 기능을 따로 분리하여 생각하지 말고 감성을 자극시키는 제품을 만들라고 하셨다. 우리가 감성을 이해해야 하는 이유는 결국 개발자인 우리가 만드는 것을 사용하는 주체는 기계가 아니라 사람이고, 따라서 우리가 이해해야 할 것은 010101 과 같은 코드가 아니라 사람의 마음이기 때문이다.

4-2 실리콘밸리 선배들과의 만남, 인상적 조언

선배들이 들려주는 실리콘밸리 생활과 문화 　　　　　이 재 호

실리콘밸리에 가게 되면서 가장 기대한 것 중 하나가 그곳에서 거주하고 일하고 있는 선배들을 만나게 되는 것이었다. 낯선 타지에서 우리의 안내자 역할을 해줄 선배들을 만나는 것도 즐겁고 설레는 일이었지만, 그들의 창업 사례나 직장생활에 대한 이야기들을 통해서 개인적으로 고민하고 있는 진로 문제에 대해서 도움을 받을 수 있을 것이라고 생각하니 마음이 두근거렸다. 연수생들을 위해 선배들은 어렵게 시간을 내서 우리와의 식사자리에 찾아와 주었다.

식당에 도착하니 구글, 애플, 인텔과 같은 세계적으로 잘 알려진 기업에서 요즘 떠오르고 있는 스냅챗(Snapchat, 제2의 페이스북이라 일컫는 SNS앱) 등의 스타트업에서 또는 대학원에서 근무 중이거나 연구 중인 선배들이 한자리에 모

Silicon Valley 거주 선배님들과의 만찬과 대화

여 후배인 우리들을 반겨주었다. 그곳에서 많은 선배들과 같이 식사를 하면서 실리콘밸리에서의 생활이나 문화 그리고 진로에 대한 많은 이야기를 들을 수 있었다. 먼저 기업에 다니는 선배들은 한국에 비해 기업문화가 자유롭다는 이야기를 다시 한 번 들려주었다. 식사자리 이전에 인텔, 구글 등 기업 방문을 해서 선배들과 같이 견학을 하면서 이미 체감했던 부분이기도 했다.

그런데 그런 기업에서 근무하면서 스타트업을 준비하는 것을 회사차원에서 전혀 꺼리지 않는다는 이야기를 듣고 흥미롭게 느껴 그 이유를 물었다. 직원이 현재의 회사에서만 계속 머물게 된다면 그 사람은 그 회사 업무가 너무 익숙해지고 그러다보면 다른 데에 나가려는 경쟁력을 잃는다고 한다. 그렇기 때문에 한 번쯤 스타트업에서 근무해보고, 다시 돌아오는 것을 그렇게 싫어하지 않는다는 것이다. 실제로 잘 다니던 구글에서 뛰쳐나와 다른 스타트업에서 근무하는 사람들의 이야기도 들을 수 있다. 한국기업의 환경은 한국이라는 환경에 맞게 설계되고 정착이 돼버렸지만, 시대의 흐름을 반영하는 차원에서 실리콘 밸리의 이러한 기업문화를 어느 정도 받아들여 폐쇄적이고 정적인 분위기를 쇄신할 수 있으면 좋겠다고 생각했다.

선배들의 실리콘밸리 이야기는 내가 생각하는 개방성보다 더 진보적이었다. 실리콘밸리에서는 개발자들 간의 모임이 많은데, 여기서 개발자들은 자신이 진행 중인 아이디어나 제품에 관한 이야기를 숨기지 않고 스스럼없이 주고받는다고 한다. 오히려 아이디어나 정보는 숨겨야 경쟁력이라고 생각했던 나의 고정관념이 산산이 부서지는 순간이었다. 개발자들은 공유를 통해 서로 발전해나가고 경쟁력을 길러나간다고 했다. 개발자간에 서로 경쟁 상대로서 대하기보다 공생하고 같이 발전하려는 모습이 현재 무한 경쟁시대를 살고 있다고 힘들어하던 나에게 큰 깨달음을 주었다. 선배들에게 질문을 쏟아내고 이야기를 듣느라고 정말 시간가는 줄도 모르고 시간을 보냈던 것 같다.

이번에 이런 시간을 가지기 이전에는 미국, 특히 실리콘밸리라는 곳은 서로 경쟁만 하는 힘든 사회라고 생각했는데 그 반대로 개방적이고 자신의 능력을 키워나갈 수 있는 좋은 곳이라는 생각이 들었다. 또한 개인적으로 든 생각은 앞으로는 자신의 생각에 갇혀 혼자 고민하고 끙끙대는 것보다는 그 분야의 전문가나 선배들을 만나서 도움을 청한다면 더 좋은 쪽으로 발전할 수 있다고 생각하게 되었다.

SW 엔지니어의 마인드셋   STEP 1기 공동

구글에 있는 선배들이 엔지니어의 마인드에 대해서 얘기해주었다. 스스로가 핵심적인 인물이 될 것을 강조했고, 그러기 위해서 끊임없이 공부하고 노력하라는 얘기도 덧붙였다. 그로써 스스로 기술력을 갖추고 경쟁력을 갖추려는 노력이 필요함을 느꼈다.

구글에 계신 95학번 최용훈 선배님은 이런 이야기를 해주었다. "풀장에서 쓰는 근육과 바다에서 쓰는 근육은 다르다." 이는 대기업에서 필요한 역량과 스타트업에 필요한 역량에 차이가 있음을 두고 이르는 말이다. 그것이 창업을 하고 싶어하는 젊은 20대라고 군이 대기업에 들어가서 실력을 쌓고 나서 스타트업에 도전하기보다는 바로 그 에너지와 열정을 가지고 스타트업을 하는 것이 더욱 좋을 수도 있다는 의미로 받아들여졌다. 그러자 당장 Start-up에 도전해보고 싶다는 욕심과 열정이 솟아오르기도 했다.

또 구글에 계신 93학번 전지운 선배님은 "SW개발은 레고조립과 같다."고 했다. 어릴 때 레고를 가지고 놀아봤던 사람들은 누구나 조립이 되어가는 과정, 완성을 했을 때의 즐거움을 경험해보았을 것이다. 그런 것처럼 내 마음대로 조립하고 완성시킬 수 있는 영역이 바로 개발의 영역이다. 나만의 Product를 만들어가는 것, 얼마나 즐거운 일인가? "좋아하는 일은 못해도 좋아하니까 자꾸 하다보니 결국엔 잘하게 되고, 싫어하는 일 하는 것보다 훨씬 즐겁게 할 수 있다."

선배와의 만남: 비전이 크고 뚜렷해지다   장 혁

가장 감동적이었고 든든했던 기회는 아무래도 학연으로 맺어진 선배님과의 동문회 모임이었다. 굴지의 기업에서 일하고 계시는 선배님들부터 스타트업을 시작한 선배님에 이르기까지 그들의 귀한 경험을 가까이서 얻을 수 있는 소중한 기회였다. 더불어 내 비전이 좀 더 크고 뚜렷하게 그려지는 밤이기도 하였다.

실리콘밸리의 자랑스런 대학 선배님들   성 무 진

실리콘밸리에 고려대학교 선배님들이 많이 계신다는 사실은 놀랍고도 참으로 감사한 일이다. Google, Apple, Intel 등 유명한 회사들부터 Startup 회사와 대학원 선배님들까지 이곳저곳에서 자신의 역할을 성실히 해내가시는 선배님들이 계셨다. 그들과 같은 고려대학교 출신이라는 사실은 내게 큰 자부심으로 다가왔다. 언제든 미국 와서 연락하면 밥도 사주고, 궁금한 것 물어보면 언제든지 알려주신다는 선배님들의 한마디 한마디는 천군만마를 얻은 것과 같이 든든하게 느껴졌다. 그만큼 우리 대학의 인맥이 대단하게 느껴졌다.

제5부

실리콘밸리 연수 프로그램의 파급효과

연수기간을 통해 특히나 의미 있었던 것은 소프트웨어 융합전공 동료 학생들과 함께 공유했던 시간들이다. 서로 다른 모양으로 살아왔지만, 이곳 실리콘밸리에서는 소프트웨어를 통해 세계를 빛낼 Billionaire가 될 꿈을 함께 안고 돌아왔다. 바쁜 일정 가운데에서도 서로를 격려하며 의지하고 서로의 호기심을 함께 해결해나갔던 시간들은 우리에게 인생의 큰 파트너들을 선물로 주었다.

그리고 최근에는 실리콘밸리 연수의 효과가 나타나고 있다고 판단할 수 있는 구체적인 사례들이 다수 발생하고 있어서 몇가지 대표적인 것을 간단히 소개하고자 한다.

- 1기 장 혁, 실리콘밸리 창업
- 2014년 글로벌 청년창업 활성화사업 현지진출 미국 창업자
  프로그램선정 (전국에서 2팀만 선정)
- Paypal도 길러낸 실리콘밸리 액셀러레이터 Plug & Play에 들어가서
  창업을 준비 중임

- 2기 정소현, Berkeley Entrepreneurship Bootcamp 무상 교육
- 실리콘밸리 연수 후, 심소영과 의기투합하여 창업 준비하다가
  버클리 대학에서 운영하는 Berkeley Entrepreneurship Bootcamp
  ($40,000상당)의 교육을 듣게 되었다고 함.
- 교육비는 본 전공이 확보한 실리콘밸리 지역 Human Network를
  활용하여 무상으로 지원 받음.
  그곳에서 심도 있는 글로벌 창업교육을 받을 수 있게 되었음.

- 2기 심소영, 창업
- 2014년 '이공계 창업꿈나무 과제' 최종 선정, 창업을 준비 중
- 미국 Elm systems의 벤처와 joint venture를 실리콘밸리에 만들 예정
- 호텔과 병원 customer와 wearable device and service 개발 예정

● 1기 이충인, 2기 백대현 실리콘밸리 지역 해외 인턴 수행
– 실리콘밸리의 네트워크 보안솔루션 벤처 업체

● 1기 이병현, 투자유치
국내 최고의 글로벌 창업 엔젤 투자자인 스파크랩스 (http://www.
sparklabs.co.kr/kr/html/home.html)에서 투자 받기로 결정. 이로써
글로벌 진출 가능

● 1기 권재호, 2014 중소기업청 창업선도대학 정부투자 유치 및 2014
년 3월 본교 창업동아리 Korea University StartUP(KUUP) 설립

그리고 앞으로 이어지는 창업관련 활동은 국내 뿐 아니라 해외시장에서
이루어질 것으로 기대된다. 또한, 본 과정의 교수진들의 지도와 자문 뿐 아
니라 글로벌 전문가 네트워크를 활용하여 창업과 사업운영에 도움받기를
바란다. 궁극의 벤처창업 성공스토리가 본 과정을 이수한 학생들을 통해
탄생될 수 있도록 노력을 아끼지 않고자 한다.

부록 창업가들을 위한 VC의 조언

벤처 창업의 성공 요건과 벤처투자 기준 및 투자유치 노하우에 대한 VC들의 이야기를 요약해 보았다.

1. Large Market을 타켓으로 하라

기본적으로 VC들에게 투자를 받기 위해서는 큰 시장을 노려야 한다. 사실 순수익을 100억원 정도 올린다면, 그것은 훌륭한 회사이다. 하지만 그것만으로 VC들에게 투자를 받을 수 없다. VC들은 자신의 투자한 돈에 비해 10배, 100배의 return을 기대하고 투자를 진행하는 사람들이다. 스타트업의 성공 가능성은 1%~5%정도에 불과하기 때문에 VC들은 여러 스타트업에 투자한 뒤, 그 가운데 어느 회사가 구글이나 페이스북처럼 크게 성공하게 되면 10배, 100배, 1000배의 수익을 얻어서 다른 스타트업에 투자한 것을 만회하는 방식을 취한다. 따라서 큰 시장을 목표로 하는 회사의 선택 가능성이 높을 수밖에 없는 것이다.

2. Network, 즉 인맥이다

한국에서 혈연, 지연, 학연은 중요한 자산 중에 하나이다. 하지만 이러한 인맥위주의 인사는 점차 한국에서도 사라지고 있다. 그런데 미국에서는 이러한 Network가 적극적으로 활용되고 있다. 실력이 없는데 인맥 위주로 인사편성을 하는 것은 문제가 되지만, 미국에서는 공과 사를 확실히 구분하기 때문에 함께 술 마시고 놀면서 쌓는 인맥은 Network 활용 대상으로 보지 않는다. Network에 있다는 것은 추천할 만한 사람을 의미한다. 그렇기 때문에 함께 일 해보며 자신의 실력을 보여야만 확실한 추천을 받을 수 있다. 만약 A가 VC들에게 투자를 요청한다면, VC들은 A의 동기들, 직장상사, 친구들에게 모두 메일을 보내 A가 어떠한 사람인지 물어볼 것이다. 그리고 정직한 사람인지, 일은 잘하는지, 직장관계는 원만하였는지를 모두 따져본 후에야 투자를 결정한다. 인맥이라기보다는 일종의 명성이라고 보면 더 정확한 표현일 것이다. 많은 사람들이 그 사람을 추천할수록 더 실력있는 사람이라고 생각한다. 또한, Co-founder(공동 창업자)로 Team을 이루어 스타트업을 시작하기 때문에 자신과 함께할 사람을 구할 때도 이러한 명성이 중요하다. 유명한 사람의 추천을 받을수록 자신의 몸값을 올릴 수 있고, 좋은 조건에 VC와 계약할 가능성이 높아진다.

3. Spec이 중요하지 않다고?

한국에서는 "스펙을 없애라!" 라는 것이 하나의 트렌드가 되고 있다. 하지만 이곳에서는 굉장히 놀랍게도 출신학교, 입상성적 등 스펙이 굉장히 중요한 하나의 지표가 되고 있다. 물론 학교의 명성과 관계없이 투자를 결정하기도 하지만 Stanford, Caltech, MIT등 명문 대학을 나오면 실력도 어느 정도 증명이 되고, 훌륭한 Network을 가질 가능성이 크기 때문에 아무래도 유리하다고 볼 수 있다.

4. 좋은 Team을 구성하라

그들은 우리가 평소 알고 있는 것과는 달리, 사실 아이디어가 가장 중요한 요소는 아니라고 했다. 외려 팀원과 시장에 더 주목을 해야 한다고 강조한다.

우선 팀원에 주목하는 이유는 대부분 성공하는 팀과 그렇지 않은 팀의 차이가 구성원에 있기 때문이다. 그래서 VC는 팀원과 미팅을 하면서 팀원 서로의 역할에 대한 이해도가 높은지와 관련된 창업이나 프로젝트의 경험이 있는지 등을 살펴보고 투자 가치를 결정한다고 했다.

창업을 하는 사람들은 자신만이 잘났다고 생각하는 사람들이 많이 있지만, 그렇게 해서는 성공하지도 투자를 받지도 못한다고 했다. 반드시 Co-founder(공동 창업자)를 두는 것이 좋으며 꼭 주위에서 찾지 않더라도 다양한 커뮤니티를 통해 만날 기회는 많으므로 신중히 골라야 함을 강조했다.

창업에 뛰어든 약90%는 실패하고, 75%는 빌린 돈을 되갚을 능력도 없다. 때문에 팀의 구조를 체계적으로 갖추고 올바른 역할 분담을 해서 능력 있는 사람을 알맞은 자리에 두는 것이 중요하다. 또한 이를 VC에게 잘 어필할 수 있어야 투자 가치를 인정받는 것이다. 만일 성공할 만한 완벽한 팀이 안 좋은 아이디어를 들고 오고, 반대로 망할 것 같은 팀이 획기적인 아이디어를 가져올 경우 VC들은 전자에 투자할 정도로 팀을 중요한 요소로 생각하고 있다.

최소한의 정말 필요하고 능력좋은 Team을 이루고 있다면 VC들에게 좋은 펀딩을 받을 수 있을 것이다. 창업자와 마찬가지로 각 팀원들도 VC로부터 위의 세 가지를 각각 검증받게 된다. 따라서 미국에서는 대체로 VC들과 팀이 지속적으로 장기간에 걸쳐 만난 뒤에 투자가 결정되며, 첫 투자를 받았다면 그 뒤의 투자는 첫 투자보다는 쉬워진다. 왜냐하면 "○○에서 투자받았습니다."라고 하면 우선 이러한 검증단계를 이미 통과했다는 것을 의미하기 때문에 투자가 빠르게 이루어지는 것이다.

5. Alpha Dog을 만나라

Alpha Dog이란 무슨 일이 생겼을 경우 빠르고 효율적으로 연락을 취해서 문제를 해결하는데 도움이 되거나 투자를 받기 쉽도록 연결고리가 되어주는 든든한 벽 같은 역할을 일컫는다. Alpha Dog은 최소한, 도움이 될 만큼 인맥을 지니고 있어야 하며, 항상 팀에게 조언해줄 수 있어야 한다. 그렇기 때문에 VC들에게 투자를 받을 경우에도 '누가 Alpha Dog인가?'는 투자의 여부를 결정하는 데에 큰 영향을 끼친다고 한다. 특히 최근 실리콘밸리에서는 그 역할의 비중이 매우 커지고 있는 추세다. 때문에 반드시 팀에게 도움이 될만한 사람을 Alpha Dog으로 두어야 한다.

6. 특허를 받아라

한국과는 달리 미국은 특허에 대한 인식이 당연하고 강하다. 즉, 내가 기술을 만들거나 새로운 무언가를 발견했을 경우, 이를 보호하기 위한 방법으로 특허를 낸다는 것이다. 이는 악용에 대한 방지 효과도 있을뿐더러 다양한 의미에서 스타트업 기업의 새 기술을 보호해 주는 역할을 한다는 것이다. Silicon Valley의 기업들은 기본적으로 여러 개의 특허를 가지고 있다고 한다. 아직 한국은 특허에 대한 의식이 강렬하지는 않지만, 앞으로 더 많은 기업들이 생겨나고 법적으로 이를 보호해야 할 일이 생길 수 있으니 미리 특허에 대해서 알아 놓아야 할 것이다.

주커버그를 꿈꾸며
실리콘밸리로 가다

고려대학교 정보대학 소프트웨어기술과 산업 융합전공
교수진 | 인 호(주임교수) 이희조 박재득 이성권

소프트웨어 기술과 산업융합 전공 학생

1기 | 권재호 김관유 김명현 김보형 박동현 박제만 반애솔
성무진 신원호 여동현 윤여준 윤주성 이병현 이재연
이진혁 이충인 이호빈 장 혁 장혁윤 전진섭 정용기
정의엽 채권수 천종수 최상혁 최용화 홍진우 홍현기

2기 | 강경필 강연호 김경미 김경태 김동혁 김명곤 김양선
김준헌 도병수 박경락 백대현 백준기 심소영 안종현
우승훈 이경석 이민아 이성호 이용길 이인엽 이재호
임 단 임주연 전명우 정기정 정선구 정소현 조훈희
최영훈 홍수민

주소 | 서울시 성북구 안암동 5가 고려대 자연계 캠퍼스
우정정보통신관 207호

전화 | (02) 3290-3796

홈페이지 | http://soft.korea.ac.kr

실리콘밸리 멘토단

Steve Kang (PowerPC 설립자)
권중헌 (KOTRA 실리콘밸리 관장)
최명례 (KOTRA 실리콘밸리 변호사)
유영수 (IAESTE 회장)
이구형 (NeuroSky, Co-Founder CTO)
Kahn Jekarl (Flow State Media CEO)
Aerin Lim (Ooyala Senior Manager)
Alex Ha (CDNetworks VP)
김중헌 (Intel)
남건우 (Apple)
전지운 (Google)
김규한 (HP)
Han J. Kim (Altos Ventures)
Peter Shiau (SC Studios, VP)
Taylor Hwang(Proof Ventures CEO)

1판1쇄 인쇄 | 2014년 09월 20일
2판1쇄 발행 | 2014년 12월 15일

펴낸곳 | 이서원
교정 교열 | 이솔
표지디자인 | 어거스트브랜드
편집디자인 | 이진이

펴낸이 | 고봉석
주소 | 서울시 서초구 신반포로 43길 23-10 서광빌딩 3층
전화 | 02-3444-9522
팩스 | 02-6499-1025
전자우편 | books2030@naver.com
출판등록 | 2006년 6월 2일 제22-2935호
ISBN | 978-89-97714-33-9

값 | 10,000원

이 도서의 국립중앙도서관 출판예정도서목록(CIP)은 서지정보유통지원시스템 홈페이지(http://seoji.nl.go.kr)와 국가자료공동목록시스템(http://www.nl.go.kr/kolisnet)에서 이용하실 수 있습니다. (CIP제어번호 : CIP2014027852)

본 프로그램은 미래창조과학부와 정보통신산업진흥원으로부터 후원받았습니다